頭のよい子が育つ片づけ術

収納カウンセラー
飯田久恵

学陽書房

はじめに

子育てとは何を目的にすればいいのでしょうか？

私は、最終的に、「ひとりで生きる力」をつけてあげることだと思うのです。

「やさしい子に育って欲しい」「頭がよく、お勉強ができる子に育って欲しい」と願いはさまざまでしょう。でもそれらのどれもが最終的に、「自立」のためではないでしょうか。

「ひとりで生きる力」は大きく分けて、生活能力、経済力の両輪が必要だと思います。実は、その二つとも整理収納が大きく関わっています。

なぜなら、人は何をするにしても道具を使います。仕事をするときもデータという形のない道具を使うことになります。それらがきちんと整理、収納されていると、生活も仕事もスムーズに進むからです。

そうはわかっていても、実際、家は散らかっていて、子どもに整理収納をしつけたくても、どうすればいいのかわからない、というお母さんも少なくありません。

この本では、そのような方々に、スッキリ整理収納して、ラクに維持する方法と、子どもへの片づけのしつけ方をわかりやすくお伝えします。

子どもは日々成長します。収納の能力をつけるのに、早すぎるということはありません。片づけやすいスッキリした住まいで長く過ごした子どもほど、そのやり方が身につくものです。

また、整理収納された住まいは、家事もラクになるので、お母さんもゆったりとした気持ちで子どもと接することができます。それが、お子さんのIQアップにつながるのです。

整理収納を通して、この本が、これからの社会を担う役立つ人を育てる一助となれば、この上ない幸せだと思います。

飯田　久恵

頭のよい子が育つ片づけ術●もくじ

第1章

住まいが「片づく」と伸びる子が育つ

第2章 親子で学ぶ、整理収納の基本

第3章

やってみよう！　親子で整理収納

第4章 整理収納のしつけのコツ

第1章

住まいが「片づく」と伸びる子が育つ

片づいた家には、こんないいことが

片づけやすい家は、ママの時間が増え、お話をゆったり聞ける

毎日毎日こなさなければならない炊事・洗濯・掃除などなど。片づけやすい家は、その時間を短縮させ、労力を軽減します。だから、ママの時間が増えるのです。

幼稚園や、保育園から帰ってきたら、子どもはお母さんに聞いてもらいたいことがたくさんあります。まだまだやるべきことが終わっていなければ、聞いていても、ゆとりを持って耳を傾けることができません。

それは私自身の経験からも言えることです。低血圧のせいもあり、幼稚園が午前中で終わる水曜日など、家事が終わらないうちに迎えに行く時間がきてしまうことが多くありました。そんな日の子どものおしゃべりは耳で聞くだけで、気持ちはあっちに行って、生返事しかしていなかったのでは、と反省しています。

ゆとりがある帰りみちは違います。水たまりの石ころが水面から出ています。それを見て子どもが「カバさん」と言います。「何のこと？」と思い、

気持ちにゆとりがあると子どもとのやりとりも変わる！

指した指先を見ると、あの動物園にいるカバが、いかにも水から顔を半分出したような形なのです。気持ちにゆとりがあれば、子どもの感性（そんな大層なものでもありませんが）に喜べますが、これが帰ってからアレもコレもしなければと思うと「なにをバカなこと言ってるの、さっさと歩きなさい！」と無視してしまいがちです。いま考えてみると、愚かな自分でした。

気持ちにゆとりがあると、「あ、ほんと。カバさんに見えるわね」などとほめてあげたり、そのあとのおしゃべりも、もっと発展させたりして「カバって水に入って何しているのかな」とか「どこに住んでいるのかな」など続けてお話することができます。

興味があることには子どもだって聞く耳を持つものです。私にとって余裕のある、なしはこんなに大きな差があったものです。

いま、もしもあなたが、家事や片づけで忙しくてゆとりがないと思っていたら、ぜひこれを機会に、整理収納で時間をつくる心の準備をしてください。

ゆとりがあると、子どもの感性も大切にできる

片づくと家族関係が良くなり、精神的に安定した子どもをつくる

部屋がスッキリして気持ちがいいと、精神が安定します。逆にいつもぐちゃぐちゃ状態の部屋に長くいると、精神的に安定しません。

大人も子どもも同じです。ホテルや旅館の部屋に入ったとき、清々しさを感じませんか？　それは雑多なモノがないだけでなく、インテリアも考えられているからです。そんな空間はやはり誰でも好きで落ち着きます。

生活道具がある家でも、収納をきちんとすれば、すてきに飾ることができ、心地よい空間が生まれるのです。心地よい空間には人が集まり、集まると会話も増え、家族が仲良くなります。仲の良い家族には、精神的に安定した子どもが育ちます。

精神が安定した子どもは、人のお話をきちんと聞き、集中力もあるようです。とにかく子どもといっても、感じる感覚は大人の自分と同じ、と思うべきです。子どもは侮れません。

こんなケースがありました。どの部屋もモノが多く、部屋の中には二層三層にモノが積み上げられている状況です。かろうじてリビングだけは、テレビの前に座れるスペースがありました。そのような状態なので、誰もがくつろげるような場所がありません。

奥様は、「主人は毎日遅く、寝に帰るだけです」と不満そうにおっしゃい

帰りたくなるような
家にしましょう！
ただいま…

ます。それをお聞きして私は思いました。「この散らかり放題の家では、帰っても自分の居場所がないと感じて、あとは寝るだけ、という時間まで帰らないのかもしれない……」と。そうだとすると、子どもは父親と会話をする機会がありません。父親不在と同じになってしまうのです。

そうなる原因は、単に主婦の怠慢だけではないことも往々にしてあります。それは夫婦仲に問題があったり、狭いのにご主人が自分の趣味に没頭して、それに関するモノを増やし続けたりすることが片づかない理由だったり、などです。何かしら不満があるとやる気が起こらない、モノが散らかる、さらにモノを増やす、片づかない……と悪循環を繰り返すこともあります。収納は意外に単純ではないのです。

父親には母親と違ったものの考え方、感じ方があります。また社会の風を家に入れてくれるという役割もあります。子どもが、幅広い感じ方や考え方のベースをつくるためにも、会話やおしゃべり、一緒に遊ぶ時間はとても大切なことだと思います。しかし、散らかり放題の家だと、お子さんは、お父さんから社会の風をもらう機会を失う結果になるかもしれません。

もしも、片づけ方がわからないことが散らかる要因だとしたら、ぜひ、この本で収納術を知り、スッキリ片づく家にしてください。

子どもの心の変化もわかりやすくなる

子育て中は、なかなか自分の時間が取れないものです。しかし、整理収納をきちんと実行すれば、そのなかで時間を捻出できることは確かです。

気持ちにゆとりができれば、子どもの様子をいつも見ていることができます。またお話にも耳を傾ける余裕ができます。子どもはとにかく自分の考えていることや聞いたこと、見たことを伝えたいのです。そうすると、子どもが最近誰と遊んでいるのか、どんな先生なのか、などもよくわかるようになります。

それが、いつもガミガミぷりぷりしているお母さんだとすると、子どもは話しかけるでしょうか？　大人と同じように、何回話しかけても反応がなければ、やめてしまうでしょう。そんなことが続けば、子どもが何を考え、何を感じているのかがわからなくなります。

子どもの心を開かせるのは、お母さんの心のゆとり

片づいた家なら
イライラも
さよなら！
ああもう
忙しい！
おか…あ…

整理収納で願いを叶えたお話

子どものことを考え、良かれと思ったことが、逆の結果になってしまったKさん親子のお話です。でも収納で克服しました。

Kさんは、知人Yさんから、Yさんが通わせている幼稚園の方針などを聞き、自分も子どもをその幼稚園に通わせたいと思い、入園させることにしました。しかしその幼稚園は家からとても遠く、午前保育の日などは、家に戻るとまたすぐ迎えに来なければならないので、幼稚園が終わるまで近くで時間をつぶすことになります。

結果、家事の時間が減ってしまったことでいろいろな弊害が生じてきました。家の中がぐちゃぐちゃでイライラし、食事の支度もおろそかになり、気がつくと上の子のお話を聞く気持ちの余裕もなくなった、とおっしゃいます。予想外の困った結果をもたらしました。

では一緒に通うYさんは大丈夫なのでしょうか？　彼女の場合は、家事代行を頼み、家事負担を少なくしていたことがわかりました。ショックです。しかし、Kさんには金銭的にその余裕がありませんでした。そこで一大決心し、家事を頼まなくても暮らせるようにしたのです。それが、整理収納でした。家全体の収納計画をたて、着々と実行されました。

たとえば洗濯のこと。洗濯の動線は、洗濯する、干す、取り込む、たたむ、入れる……毎日この一連の仕事が繰り返されます。その流れを見直しました。

まず、朝起きたらすぐ洗濯物を干せるように洗濯機のタイマーをセットすることに。干すときも、いっときでも手の流れが止まらないように、いままでからまりやすかった洗濯物干しを、使いやすいものに買い替えました。洗濯物を取り込むときも、家族数のカゴを用意し、それぞれ振り分けて入れます。そうすれば、一つの衣類山から、たたみながら振り分ける必要がないので、短時間でたためます。たたんだ衣類を同じカゴに入れると運ぶのも楽です。ほかにも衣類の入れ場所を変えたり、ごちゃ混ぜになる深い引き出しを浅いものに変えたりしました。

このように約三ヵ月間かけ、家全体の収納をやり直したことで、時間と余裕を捻出し、弊害を解消しました。

収納にかかる時間とお金はゆとりのための「投資」です

「片づけ」の習慣は子どもへの贈り物

成績や仕事能力、自己管理能力が高くなる

私たちが、机に向かって仕事をしようと思ったとき、机の上がモノやペーパーで埋まっていたら、取りかかる意欲が薄れませんか？　子どもだって同じです。いつでもすぐ勉強に取りかかれる態勢は、成績向上につながるのです。

大人になって仕事をする場合も、プリントや書類、データやモノを扱うようになります。そこでも収納能力は必要となります。形があるものを使いやすく、効率よく収めるためには、「空間認知能力」というものが必要です。「空間認知能力」を意識するのはまず、身のまわりのモノの収納です。

同じオフィスで、同じ仕事をしているのに、デスクの上がスッキリしている人と、書類やモノが山積みの人がいます。後者は、必要な書類がすぐ出てこないので、仕事が遅く、遅刻したり、忘れものが多かったりします。そうすると、自己管理能力がないと見なされてしまいます。

まだまだ先のお話、と思われる方も多いと思いますが、子育ての先を見据

えると、収納能力は仕事能力にもつながっているので、少しずつ身につける
のは、決して早すぎる話ではありません。

有意義に人生の時間を使えるようになる

一日の持ち時間はみな平等です。一日二四時間を有意義に使える人は一生を通して時間を有意義に使えるようになります。

その有意義な時間を捻出する策は、「収納にあり」です。

人は朝起きてから寝るまで、歯ブラシ、歯磨き粉、コップ、タオル、化粧品、お鍋や調味料、服などなど……数えきれないほど多くの種類のモノを**出して→使って→戻す**。また違うモノを**出して→使って→戻し**ます。

この中の、**出して→戻す**時間を整理収納の能力で短縮することができます。たとえば、着替えをするとき、着たい服がすぐ見つかれば、早く外出できます。お料理をするにしても使うモノが使う場所にある良い収納なら、素早く作れます。

私は以前、それをＮＨＫテレビの「ためしてガッテン」という番組で証明したことがあります。

同じキッチンの集合住宅三軒の主婦に、同じ献立のお料理を作ってテーブ

収納がうまくいっていないと出し入れも大変！

ルにセッティングするまでをしていただきました。自称収納上手、下手、普通とおっしゃる三人です。

献立はチャーハンとスープ。結果は予想通りです。いちばん時間がかかったのは収納下手な方でした。収納下手な方が、ご飯を炒めようとしたとき、フライパンもシンク下に収納していたので、ガス台前から五～六歩移動しなければなりません。おまけに、フライパンもめいっぱい重なり、出すのもひと苦労で時間がかかってしまいます。調味料もお塩は吊戸棚に、油は食器棚の下から、とあちらこちら、とにかくよく歩いていました。

移動がわかりやすいように、大きな感圧紙をキッチン全体に敷き、その上を歩いていただくことにしました。結果、収納下手さんは、全体的にピンクになり、あちらこちら歩き、「収納指数」（P61参照）でいう「歩数」が多いことが証明されました。それに比べ、いちばん収納上手な方の足跡は、シンク前とガス台前に集中。つまり使いたいモノが使う場所に

整理収納は、人生の時間を増やす

収納下手は調理に
時間がかかる！

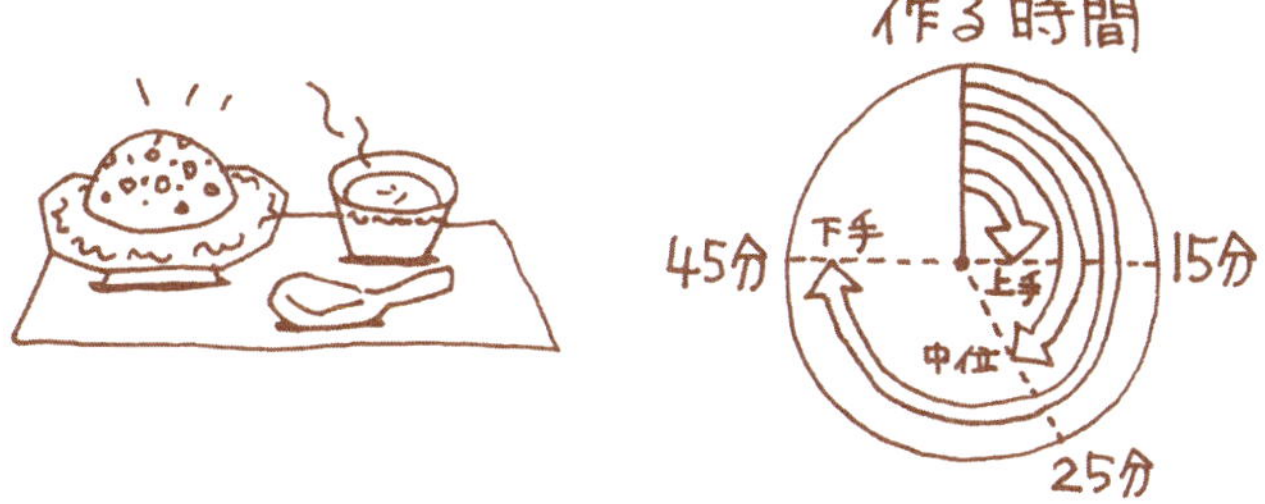

あるので、歩かなくてもお料理ができたのです。

この実験からわかったことは、調理時間は三人ともほとんど変わらないということです。差は、調理道具や調味料の出し入れ時間にありました。これは料理に限らず、私は、ほかのことでも同じことを確認しました。たとえば、ドライヤーを使う場合、乾かす時間は同じですが、収納の仕方で、使い終わってしまうまでの時間に差が出ました。

子どものうちから効率よく出し入れできる収納を知ることは、長い人生のなかでは、数年に匹敵するくらいの時間になりうるのです。

大げさと言われるかもしれませんが、私は子どもに収納能力をつけてあげることは「生きるための贈り物」なのでは……と思うのです。

片づけで親子関係も変わる

片づけで子育ての自信を取り戻したお母さん

こんな例がありました。

どの部屋も散らかり放題。お母さんは気になりながら、どうすればいいかわからなくて、収納相談を決意され、申し込んでくださいました。うかがってみると、やはり脈絡なくモノがあり、部屋の隅は何があるのかわからないジャングル状態。

三人の子どもにそれぞれ部屋があるにも関わらず、リビングには子どもの服が散乱、学用品やオモチャ、CD、ゲームのソフトも散乱しています。リビングで宿題をする子もいて、教科書がなくなって、ほんとうに困ることもしばしばだそうです。お母さんからは「言っても、もう私の言うことは聞いてくれないんです。もう子育てにも自信がありません」という悲しみの声を聞かせてもらいました。

そのお母さんは、基本的には、几帳面で、スッキリした空間が好きなのです。でも現実とのギャップに自信をなくし、しつけをする資格がないと思い込んでいました。それを子どもたちは感じているのです。

お母さんはとても子どもたちに愛情をそそいでいます。でもその表現が、ちょっとぶっきらぼうで、子どもには半分しか伝わっていないのではないかと感じるような方でした。でも徐々に、提案したことを実行して、モノの置き場所が決まり、戻しやすくなってくると、子どもたちの対応も変わってきました。

家が全体的に変わってきたので、子どもたちは自分のモノが散らかっているると目立つように感じ、自分のモノは自分の部屋に持っていくようになってきたのです。自分たちが片づけなければ、お母さんが困るとも思い始めたようです。やっと、しつける資格ができたと思ったことが、子どもたちにも通じたのです。

子どもはきれいな家が好き

私たち大人も、よそのお宅にお邪魔したとき、さりげなく部屋を見て、「わあ、すてき!」とか「我が家のほうがまだ片づいているわ」などと心の中で思いませんか?　実は子どもだって大人と同じ感情を持っています。

子どもに「○○ちゃんとウチで遊んでいい?」と言われて、「いいわよ」と言えますか?「ダメよ」という答えだとして、その理由が、散らかっていることだとしたら、それは残念です。子どもがどんな友だちと遊んでいるのか、どのような遊びや会話があるのかが、自分の家で遊んでくれるとよくわかるのです。

「ウチも、○○ちゃんの家みたいにきれいだったら、いいなぁ〜」と思っていても、実は子どもって、それを母親には言いません。なぜなら、「大好きなお母さんを悲しませるかもしれない」、または「そんなことを言ったら叱られる」、「言っても仕方がない」などと思うからです。

「ウチは、散らかっているから、恥ずかしくて友だちを呼べない」とあきらめている子どもは意外にも少なくありません。逆にきれいな家はとても自慢です。

考えてみれば、子どもは生まれてくる家を選べないのです。戻す場所が決まっていれば、子どもは片づけてきれいにすることができますが、もともとモノの定位置が決まっていない家の場合は、子どもの力ではどうすることもできないのです。ほんとうにかわいそうです……。そんな気持ちを汲んであげましょう。そして、その悲しみを取り除くことができるのは、親なのです。

子どもは散らかっている自分の家を「恥ずかしい」と思っている

子どもの心はけなげなものです。あるお住まいにうかがったときのことで

子どもにこんな思いをさせてませんか？

す。その家は、大きい４ＬＤＫの二階建て住宅です。しかし、どの部屋もモノで埋め尽くされていました。唯一、キッチンに続くリビングダイニングだけ、床が見えます。部屋があるにも関わらず、使っている部屋はそこだけで、布団もそこに敷いていました。隣の和室のカーテンも閉めっぱなしです。

そのお母さんから、こんなお話を聞きました。四歳の娘さんが友だちを連れてきたとき、「ここから入ったらだめなんだよね、ママ」と、隣の部屋に続く襖の前に立ちはだかって、友だちに言ったとのこと。

「子どもも私が気にしていることを知っているのでしょうね」とおっしゃいます。

実は子どもも、ぐちゃぐちゃより、スッキリ片づいているほうが好ましいと、教わらなくてもその感覚が少なからず備わっているようです。

そこまで気になりながら、なぜ片づけられなかったのでしょう。原因はいくつかありますがいちばんの原因は、ご近所づき合いでした。それでストレスがあり、その解消にショッピングを続けたからでした。一度片づけても、維持できなければ意味がないので、散らかる原因が何かを見つけ、解消する糸口を考えることは重要なことです。

またこのような例もありました。

収納カウンセリングの最後の日でした。完了して、お茶をいただいていたら、八歳の息子さんが小学校から帰ってきました。

目を合わせた瞬間「おばちゃん、ありがとう！」と言われました。私が「えっ」と思っていると、「友だち呼べるようになったんだ～」と言います。お母さんもそれを聞いて、「えっ」と思われたご様子でした。そして「子ども心に、うちは散らかっているので、友だちを呼べない、と肩身の狭い思いをしていたのでしょうね。でも私には言えなかったのですね」と、少し涙ぐんでおっしゃっていました。

実は、散らかっている家の子どもは、小さくても少なからず劣等感を抱いているものです。

そのお子さんが、不満を言わなかったのは、お母さんが好きで、お母さんから愛情をそそがれて育った証拠だと思います。愛情があれば、片づけのしつけは上手くいくものです。とにかく、子どもには愛情がいちばんです。

子どもにあきらめさせていませんか？

ある方が、収納カウンセリングを受ける気持ちになり、問い合わせてきました。その理由は、高校生になる男の子から、「自分の部屋が欲しいので、家を片づけて欲しい」と嘆願されたからです。

３ＬＤＫで、四人家族。本来自分の部屋になるはずの子ども部屋が、いくら母親に言っても、物置状態です。いよいよ、「いいかげんにして欲しい！」と親に訴えたようです。お母さんは、実際にその部屋を使えるようにしようとして、行き詰まり、結果的に収納カウンセリングを受けていただくことになりました。

考えてみるとそのお子さんも、長い間我慢していたのでしょう。四ヵ月間かかりましたが、家中の不要なモノを処分し、子ども部屋に意味もなく置いてあったモノをそれぞれのふさわしい部屋に移動し、必要な家具なども揃え、子ども部屋ができました。

このケースからもわかるように、「自分ではどうしようもない」「散らかっているから、リビングで勉強するしかない」とあきらめている子どもは、少なくありません。

なぜそこまで言われなければ、動かなかったのか？　と考えてみると、やはり「整然感」（P38参照）の差です。親は気にならない性格だったのです。子どもは別の人格を持っているので親と同じではないということです。このケースでは、片づけ下手の親は子にとって反面教師になりました。

子どもの悩みは親が取り除いてあげましょう

片づいた家では子どもの学力が上がる！

学力は、スッキリ片づいたリビングから

成績のよい子は子ども部屋でひとりコツコツ勉強していないケースが多く見受けられます。意外にもリビングの皆がいるところで、勉強している例が少なくありません。

子どもの気持ちになると、たとえばひとりぼっちで二階にある子ども部屋に行くだけでも、ハードルが高いのです。リビングなら、ダイニングテーブルが空いていればすぐ勉強を始める気になり、ひいては勉強量が増え、成績向上につながるということになります。そのためにも、ダイニングテーブルなどを、いつもスッキリさせておくことが必要です。

リビングで勉強する子の成績がいいのは、実はほかにも理由が考えられます。私の知っているお子さんも、小さい時から、お父さんが勉強を見ていました。お父さんが横で見てあげやすかったのがリビングです。つまりリビングで勉強するからできる子になったわけではなく、お父さんが細かく勉強を見てあげたことも、成績向上につながったといえます。

カラ
カラ！
のり
片づいていれば上手に作れるのに…
のり

リビングを勉強場所にするためには、いつもテーブルがスッキリしていなければなりません。そこが収納に関係してきます。

また、リビングで勉強するということは、ほかの人が大きな音でテレビやラジオなどをかけることはできないということです。家族皆、協力的だったという環境も成績がよいことにつながっているのです。

スッキリした状態は、学習意欲につながり、IQも上がる

たとえば、積み木で遊んでいる場合、子どもは「○○を作ろう」とイメージしています。しかし、その形の積み木が見つからない、という場合、そこで集中力は断ち切れて、思考回路もそこで途切れます。

また、工作をしていたら、はさみが見つからない、のりもない、セロテープも切れている、そんなことが続いたら、次に何かを作ろうという意欲さえ失せて、やる気のない子に一歩近づいてしまいます。

こんな実験をテレビで見ました。

同じ年齢の子ども二人に、同じぬり絵と色えんぴつ、同じ広さの机を用意します。一人の机の上には、整然と色順に並んだ色えんぴつを、もう一人の机の上にはケースから出してバラバラになった色えんぴつを置きます。

塗り終えるまでの時間とできばえを比較する実験です。同一の子どもでは

ないので、もちろん個人差はありますが、結果は予想通り、前者の子どもが早くきれいに塗っていました。

つまり、この実験で言いたかったのは、秩序正しくモノがあると作業が早くてきれいにできるということです。

私はそれを見て、自分が色を塗ることを想定してみました。まずぬり絵を見て、どの色を塗ろうかと、色を想像します。たとえば、スイカなら、実の赤と、種の黒っぽい茶色を思い浮かべ、その色えんぴつを探します。その時、整然と並んでいると、自分の思い浮かべた色を容易に選びとることができ、気に入った色なので、ていねいに塗ろうとします。

それに比べ、バラバラに置いてあるほうは、想像したピッタリの色を選ぶのに時間がかかり、見つからないとイライラもすると思います。思い浮かべた色が見つからないこともあり、ていねいさも減少します。この違いかと思いました。

せっかく芽生えた創作意欲や、考える機会を、家の散らかりようで逃さないようにすることも、親の仕事です。

スッキリした状態が子どもの学力を上げる

片づけで自己管理能力を育てる

自分のモノは自分で管理できるように

子育ての目的は、一言で言えば、自立。生活に困ることなく、やりがいを感じながら、人生をゆたかに気持ちよく生きることです。気持ちよく、の中には当然住まいの環境が含まれます。

子ども部屋は、自分のモノを収める初めての訓練の場です。

子ども部屋という限られたスペース内で、欲しいモノを欲しいだけ増やせば、入りきらなくなり、部屋が散らかり、使いたいモノが出しにくく、また見つからなくなって困ることを学習するのです。それは与えられたスペース・金銭・時間をやりくりする力にもつながります。

こんなケースがありました。小学生のB君が自分の部屋の整理収納を実行したプロセスを夏休みに自由研究にし、なんと賞をとったというお話です。

B君のお母さんは、私のところで収納カウンセリングを受けて、気持ちよく暮らせるようになりました。うれしい限りです。そのお母さん、自分が習った通り、息子さんにも整理収納を教えることにしました。まず、いらなくなったモノを、自分で判断させた上で捨てさせ、何をどこに置くのかを、家具のレイアウトも含め、一緒に考え、決めたそうです。

お母さんが習ったのと同じく、きちんと部屋のサイズや家具などのサイズを測り、それを図にするなど、理論的に進めていきました。夏休みが終わったころには、目をつぶっても何がどこにあるのかがわかる子になっていたそうです。

そのお母さんとしては、子どもが自分でやるのを待つまでの忍耐が大変だったとおっしゃっていました。でも、忍耐したからこそ、子どもが自分で考え実行できたのです。すぐ手を出すと、子どもは考えることをやめてしまい、前に進む力がつきません。

学校が始まってからは、とにかく忘れものがなくなったとのことです。「でもちょっと困ったことがあるんですよ」とお母さんがおっしゃいます。「お母さん最近、キッチン散らかってるね、と指摘するんですよ」と。

これからお伝えする整理収納の仕方には道理があります。その道理や裏づけを理解すれば、子どもでも自分の身のまわりを片づけられるようになるのです。

おうちでの生活が受験の合否につながる

「お片づけ力」も幼稚園や小学校のお受験重要ポイントに

この本を書かせていただくにあたり、幼児教室を主宰されている福岡潤子先生にお話をお聞きしました。最近の幼稚園や小学校受験の傾向として、生活習慣を見る項目がとても多くなってきた、とおっしゃいます。それは、社会人としての基礎となる生活習慣が年齢相当に身についているかを見るためだと思います。好ましい傾向だと思います。

たとえば、食べたお菓子の袋を、きちんとゴミ箱に捨てられるか？　遊んだオモチャをあったところに戻しているか？

どれも当然のことなのですが、常に部屋が散らかった家ではその当たり前の生活習慣がつきにくいのです。ゴミなのか、使うモノなのかわからない状態の部屋は、ゴミひとつくらいゴミ箱に入れなくても目立たないのです。

幼児教室で学習しても家で過ごす時間のほうがはるかに長いので、付け焼き刃では、メッキはすぐはがれます。幼稚園や幼児教室で学んだことを習慣づけるのも、家庭でしかできません。

家庭は自立に向かって学ばせ、習慣づける唯一の場所といえましょう。

家庭は、良い生活習慣を、確かに身につける唯一の場

片づけは小さなころからのしつけが大切

整然とした状態がわかる子に育てよう

私の会社の仕事の一つに、「収納カウンセリング」があります。それは、相談者の家に行き、片づけやすい家にする収納を提案し、家庭教師のようにお教えする仕事です。そこで、わかったことがあります。「片づいている」という感覚には個人差があることに。

たとえば、壁と家具の間に紙袋の束を入れたり、鴨居の上に棚をつけてモノを無造作にのせたりなど……、それでスッキリ片づいたと思っている人もいれば、いやそれでは、まだ雑然としているなど、感じ方に差があります。

あるいは、リビングのサイドボードの上が空いているとします。そこを場所がもったいないとばかり、使わない箱を置くことがあります。それを見苦しいと感じるか、普通と感じるかの違いがあります。

それら整然さを感じる感覚を私は「整然感」と名づけました。それは人や、世代にもよって違います。多くのお客様とお話ししてわかったのですが、育つ家庭の収納環境の違いが「整然感」に差をつけているようです。

ある方は「生まれてこのかた、スッキリした部屋で暮らした経験がない」とおっしゃっています。もちろん、そのような家で育っても、整然と片づけられる人もいることは事実ですが、往々にして、常に散らかったぐちゃぐちゃな家で育つと、大人になっても「整然」という感覚がわからないようです。

友だちの家や雑誌を見て「すてき」と思うのですが、自分の家となるとどこまでやることがスッキリなのかおわかりにならないようです。そのような悩みを持たせないためにも、可能な限り暮らしやすい、スッキリした家で育てたいものです。

まだまだ先のお話ですが、たとえば子どもが成長し、結婚することになったとき、その二人の「整然感」に大きな差があると困ることになります。

新婚の時は、その差は「愛」で見えませんが、次第にどちらか一人が気になり始め、口論になることも。住まいの環境も「幸福度」に関係するのですから、侮れません。スッキリ片づいた感覚を、身につけさせることは大切な親の努めでは、と思います。

もちろん話をお聞きした方々の中には、「親や兄弟は、とても収納上手です。でも私はだめ」「親が何でもやってくれたので、わからないのかもしれない」などという方もいらっしゃいました。過保護の場合も、影響があるようです。

片づけは「思いやり」を育てる

どうして片づけなければならないのでしょう。それは「次に使うとき、すぐ出せる」ように、です。

子どもが、「自分で片づけられる収納」にすると、自分が遊ぶとき、同じ場所から出せるので、自由に遊ぶことができます。それを考えると、美しく片づいていても、子どもが自由に遊べない収納は、良い収納とはいえません。

また、片づけなければ、誰かが困る、ということもあります。

知り合いの家のK君は、電車とレールのオモチャを部屋いっぱいに広げて遊ぶのが大好きです。リビングで広げられると足の踏み場がないので、夫婦の寝室で遊ばせることにしています。

当然広げたままでは、布団を敷くことができません。いくら言っても片づけなかったK君がある一言で、片づけるようになりました。それは、片づけなければならない理由を伝えたからです。

その一言とは、「K君が片づけてくれないとお母さんたち寝られないの」だけです。その日からK君は、せっせと片づけるようになったそうです。

お母さんとお父さんが大好きなK君は、切実に感じたのでしょう。

子どもも怠けたいのは大人と同じ。片づけさせようと思ったら、その理由を教えてあげればしつけしやすくなる場合が、たくさんあると思います。

子どものやる気をそがない収納を考えるのも“しつけ”のひとつ

小さいころから子どもにしつけを始めよう

子どもは、思いのほかいろいろなことができます。歩けるようになったら、試してみてください。たとえば、使ったティッシュを「ポイしてね」とか、使った積み木を「同じ積み木のお友だちのところへ入れようね」などと、お母さんが意識して子どもにやらせるだけで、片づけの習慣がつくものです。

だからといって、一つ出したらすぐ片づけさせたりすると、せっかく続けて遊ぼうとしている気持ちをなえさせてしまいます。

たとえばレゴなどのブロックで大作を作っている途中で、食事や就寝でストップする場合は、すべて解体するのは子どもにとって忍びないものです。広げてまた次の日も続けそうな場合は、最初から大きな板を用意し、その上で遊ばせるといいですよ。そのままの状態で片づけることができ、また続けることができます。

ある幼稚園に取材にうかがい、先生のこんなお話を読ませていただきました。幼稚園で、数人のお兄ちゃんたちで盛り上がっていた粘土を使ってのピザやさんごっこに、おまけのようについていた年少のY君のお話です。

Y君はその次の日、朝一番にやってきた。先生に「Yちゃん、ピザやさんになるの」と言って昨日と同じように粘土板と粘土を取り出し、テラスにならべる。「昨日のピザのご本、ちょうだい」と先生に頼み、ピザのチラシを受け取ると、ピザの生地作りに無言で取りかかる。

小さくちぎった粘土をトッピングし、何枚も何枚も作り続ける。途中何人か参加してきたが、ほとんど関わりなく一人で黙々と続ける。そのころ、そのクラスのコーナー遊びは、片づけを終え、伝承遊びをしていた。

そのうちY君から、「もうおしまい」と言う。先生が「それじゃ、しまおうね」と声をかけると、せっせと片づける。「板はここにあったの」と逆に指示する。「ピザのご本は、返してくる」と言って戻す。

ふと、まわりにみんながいないことに気づき驚く。

※『葛飾こどもの園幼稚園レポート』より

これは、幼稚園で保育の一つのエピソードとして記載されていたものです。

私はこれを読ませていただいたとき、確かに子どもは満足すると、素直に、また次の行動（片づけ）に移れるのかもしれないと思いました。

たぶん前日、Y君はお兄ちゃんたちのそばで、自分もピザを作りたい気持ちがあったけれど、出る幕がなく我慢していたのでしょう。

遊びにのっているとき、「さあ、片づけて」と言っても聞かないのは、まだ続けたいからです。いつも、「自分がこんなとき言われたら」、と逆の立場でお片づけのタイミングを見つけましょう。

また、子どもの身長や腕力、能力に合わせた収納のかたちを整えてあげることが、しつけのしやすさにつながります。

片づけのしつけが感覚・心を育てる

声をかけるタイミングを大人のほうではかってあげると効果的

第2章

親子で学ぶ、整理収納の基本

親子で学びたい片づけの基本

「片づけなさい！」と言う前に、家は片づいていますか？

子どもを責める前に、まず自分自身がきちんと、整理収納できているのかを考えましょう。日に何度も「お母さん、あれどこ？」と聞かれる場合は、誰にでもわかる収納になっていません。まず自分自身の収納能力を身につけましょう！

逆に、子ども部屋以外の収納がきちんとできている家のお母さんは、子ども部屋がいつも散らかっていると気になります。そこで何度も「片づけなさい！」を連発してしまいます。そんなとき、確かめていただきたいことがあります。自分が子どもの立場になったとき、その部屋のままで片づけられるかと。

子どもが使うモノの置き場所がきちんと決まっていたら、それは「片づけなさい！」としつけを続けていいのです。しかし、そうではない場合、先にやるべきことがあります。

収納は、使いやすい位置と適切な入れ物（家具など）がなければ、片づけられません。たとえば、園やおけいこのバッグの置き場所がなければ、あちらこちらに置きます。マンガ本が本棚の収納量をオーバーすると、床に置くなど平面ならどこにでも置いてしまいます。いずれも置き場所が決まっていなければ、部屋は散らかるのですが、収納する場所は、整っていますか？

いままではきちんと片づけていたのに、最近散らかすようになった、という場合も確認が必要です。子どもは日々成長し、いままで持っていなかった持ちものが増えて、その置き場所がないために、全体が散らかり出しているかもしれません。

収納量をオーバーしていると片づけられないのは当然

整理収納ができないとどうなる?

まずは、整理収納ができていないと、どういう問題が起こるのかを押さえておきましょう。

収納が悪いとモノが増える

うかがったCさんの家は、玄関に立つだけで何となく臭います。それはキッチンからの臭いでした。Cさんは、「自分で整理収納しようとは決めましたが、どこをどうすればいいのかわかりません」とおっしゃいます。

確かに、見まわすとどこもモノで埋め尽くされ、キッチンは掃除しようと思っても、拭き掃除は困難です。ほとんど掃除をしていないため、そこから臭いが発生していました。カウンターを見ると、消臭剤や、ゴキブリ退治、コンロ用洗剤などが置いてあります。掃除できないので、何とかその場をしのごうと、さらにモノを増やし、キッチンを使いにくくしているのです。

収納は意外に多くのことに影響が出るものです。

臭いのもとを断つには、こまめな掃除がいちばん効果的です。こまめに掃

「ホコリでは死なない」は昔のこと

除しやすくするためにも、まずは、片づけやすい収納にする必要があります。

収納が悪いと健康にも影響が

むかしは、「ホコリでは死なない」などと、開き直りのようなことが言われてきましたが、いまは住宅の機密性が高まり、換気に注意しなければホコリや湿気が外に出ていかないので、そうとは言えなくなりました。

ハウスダストやダニの死骸、フンなどはアレルギー源や肺炎のもととなり、家族みんなの健康に害を与えるのです。子どもが小さい時から、そのような環境で育つと、長い間にはアレルギー体質になることも考えられます。

また、モノが多いと空気の流れを止めてしまうため、風水の考え方からも、決して良いことではないと、ある風水鑑定で建築士でもある方からお聞きしました。

風水も、掃除も、収納も、「幸せになるため」という目的は同じです。収納も掃除もきちんとして、幸せを逃がさないようにしましょう！

収納が悪いとお金がなくなる

Dさんのお宅も、モノが多く、何がどこにあるのかわかりません。

Dさんは何を捨て、何を取っておくのかが判断できませんでした。そこで、収納カウンセリングをすることにして、一緒に確認しながら処分していきました。すると、さまざまなモノが発掘され、「ああ、この学帽、こんなところにあったんだわ、ないと困るので買ったんですよ」と悔しそうです。

そうです。きちんと収納していなければ、モノがどんどん増え、逆にお金はどんどん減るのです。

収納が悪いと洗濯物が増える

なぜ？　と思われるかもしれませんが、結果そうなるのです。

Bさんの家は、いつも洗濯物が山のようにありました。その原因は、洗濯動線にあります。

一階で洗濯をし、二階でたたむ動線の家です。取り込むことはすぐできるのですが、そのまま二階でたたむことができず、お子さんたちは、その中から服を引き出して着ています。脱いだ服もそこに置きっぱなしにするので、一度着た服なのかどうかがわからなくなり、心配でまた洗濯することになり、増えるのです。すぐたたむ気にならない理由は、入れる場所がきちんと決まっていなかったからです。

一人ひとりの出し入れしやすい衣類収納を整えたら、毎日の洗濯物が減り、すぐたたんで入れられるようになりました。収納に問題があると、家事を増やし、暮らし全体がギクシャクすることが往々にして起こりうるのです。

整理が悪いとモノを大切にする心が育たない

また、何がどこにあるのかわからないような、モノの置き場所が決まっていない家で育つと、モノを粗末に扱うようになりかねません。

ある幼稚園にうかがいました。玄関の、お迎えのお母さんたちの目につきやすい場所にカウンターがあり、そこには、「忘れもの箱」がありました。中身を見ると、靴下の片方や下着、ハンカチなどなど。先生によれば、持ち主に戻らない数のほうが多いとのこと。そこで私は思いました。モノが安すぎるのでは……と。せめてお母さんは忘れものに気づいていいはずです。

企業努力もあり、モノは安く豊富に手に入るようになりましたが、その反面、モノを大切にする心が、大人にも子どもにもなくなったみたいです。

子どもが帰ってきて靴下を履いていないのに気づかないのでしょうか？　洗濯物を干しながら、両方あるか確かめないのでしょうか？　気づかないのは、あり余るほどモノがあるからではありませんか？

本当に必要なモノが必要な数だけあり、適切な収納をしていれば、気づくのではないでしょうか。ほんとうに、由々しきことではないかと考えさせられました。

いまや「片づけ」「整理収納」は学ぶ時代

「収納が悩みのひとつ」になった時代背景

収納が、話題のひとつに取りざたされるようになったのはここ二〇数年のことです。なぜなのかを考えてみると、三つ考えられます。

一つは高度経済成長の結果、欲しいモノを手に入れられるようになったことです。購買欲をそそる戦略も高度になっています。実際カウンセリングを行っていると、大して必要でもなさそうなモノを、ほんとうにたくさん気楽に手軽に買っている事実を目にします。また一〇〇円ショップで売っているモノもそん色なく見え、一〇〇円なら……とつい買っています。置き場所がないのにモノを増やすので、家中のモノが混乱するのです。

二つめは〝和〟から〝洋〟になった生活様式の変化です。クローゼットを上手く使えない、布団がないのに収納といえば押入ればかりで使いにくい、布団を使うのに押入れがない、など家の設計も問題です。家を作る側も使う側も、和から洋への変化についていけていないところが見受けられます。

三つめは、文明の進化です。電子ゲームや、パソコンなどは自分が子ども

生活に必要なモノも
アイテム数も昔より
激増しています

のころはありませんでした。ゲームがあるとリビングにゲーム機やコード類が、パソコンがあるとプリンターもあるでしょう。また携帯電話があることで、充電器も増えます。家の広さは変わっていないのに、モノがどんどん増えるのです。

私の時代までは、親のやり方を見て、整理収納できたのですが、いまとなってはモノの量も新しいアイテムも増えた結果、それでは間に合わなくなったといっても過言ではないと感じています。

いまや収納は学ぶ時代です

収納が難しくなったことをパソコンでたとえるとわかりやすいと思います。大量の情報を早く処理するには、それにふさわしい高度な処理能力とメモリーが必要です。

メモリーの数が収納スペースで、処理能力とは、その人の収納能力と考えましょう。つまり、多くのモノを使いやすく収納するには、収納スペースとそれを扱う人にもそれ相応の能力が必要なのです。

スペースはそう簡単に増やせるものではありませんが、処理能力はこれから充分つけることが可能です。処理能力をつけるために、まずこの章では、整理収納の基本を知っていただきましょう。

覚えておきたい収納の基本

収納の目的をはっきりさせる！

収納の目的は何でしょうか？「たくさん入れるために工夫すること」と思っている人が意外に多いものですが、それは違います。

モノは使うためにあるのですから、収納の目的は**出して→使って→戻す**をスムーズにするためです。

たとえば、オモチャをたくさん詰めてきっちり入ったとしても、出すのが面倒で使えないとしたらそれは本末転倒。使いやすさを考えなくてもいいのは、思い出のモノだけと考えてください。

その目的を忘れている収納特集をよく見かけます。先日も、偶然テレビを見ていたら、棒にS字フックを組み合わせ、お玉などを立てるというのを見ました。不安定なこと、それをどこに置くのか、どう考えても、継続する収納とは思えません。収納を楽しんでいる趣味収納と言えばいいのでしょうか。正直言って収納と言っていただきたくない気分です。

収納の目的を明確にしていなければ、一見良いアイデアと思い、マネして破綻する……を繰り返してしまいます。カウンセリングを頼まれる方の家でも、その形跡と思われる収納残骸が見られるお宅が少なくありません。継続できなかったのです。

整理収納は使うために。たくさん入れるためにあらず

収納／片づけ・インテリア・掃除の違い

住まいの快適には、大きく分けて三つのキーワードがあります。それは**収納／片づけ・インテリア・掃除**です。これらは、なんとなく同時に扱いがちですが、これらに対する意識を分けて行わなければ、どれも中途半端になってしまいます。

収納は、モノに出し入れしやすい「指定席」を与えることです。また、収納を語るとき、「片づけ」という言葉もよく使いますが、片づけは収納とは別と考えます。モノを使うとき、指定席から出し、使い終わったら、同じ席に戻します。その戻す行為を**片づけ**とします。

人の動きに合わせて「指定席」をつくりましょう。オモチャ置き場なら、子ども部屋にもリビングにもつくっておくと便利です
メインの指定席
子ども部屋

収納――指定席をつくること
片づけ――指定席に戻すこと

モノが帰る「指定席」がないと、片づけることができず、行き場所がなくてあちらこちらと漂います。とにかく片づけには、先に指定席が必要なのです。そこを、しっかりと押さえておきましょう。

また、指定席は一ヵ所とは限りません。たとえばオモチャの指定席が子ども部屋にしかなければ、お母さんの近くで遊びたい年齢の子どもがいると、リビングにオモチャが散らかります。それは、リビングにも必要なオモチャの「指定席」がないからです。

このように年齢や状況で遊ばせる場所が、子ども部屋のほかにもある場合は、メインの指定席、サブの指定席と必要な箇所にそれぞれ指定席を設けます。オモチャに限らず、指定席がなかったり、遠すぎたり、面倒な入れ方だったりすると、片づかないことになります。

つまり、「片づけ」やすい指定席を「収納」でつくっておけ

子どもがいる家ならリビングにもオモチャ置き場が必要です

ば、すぐ片づけられるので、いつもスッキリ気持ちのよい住まいが実現するのです。

継続して片づけられる指定席づくりには、実は時間やお金がかかります。たとえば、オモチャが床に広がっていたら、それを片づける収納用品が必要です。どのような収納用品を使うと良いのか、という考え方がわかると、その収納用品が家にあればすぐ指定席をつくることができますが、なければ購入しなければなりません。

生活用品の収納は変化しないので、初めの一度だけ、「これ以上いい収納方法はない」という「収納」にしておけば、その後、何千回（一日一回使うとしても三年で千回以上です）と繰り返す「片づけ」が楽チン！　になるのです。それは、家事の時間や手間を軽減し、子どもと関わる〝ゆとりの時間〟を増やすことにつながります。

良い指定席があると散らからない 悪い指定席は散らかりやすい

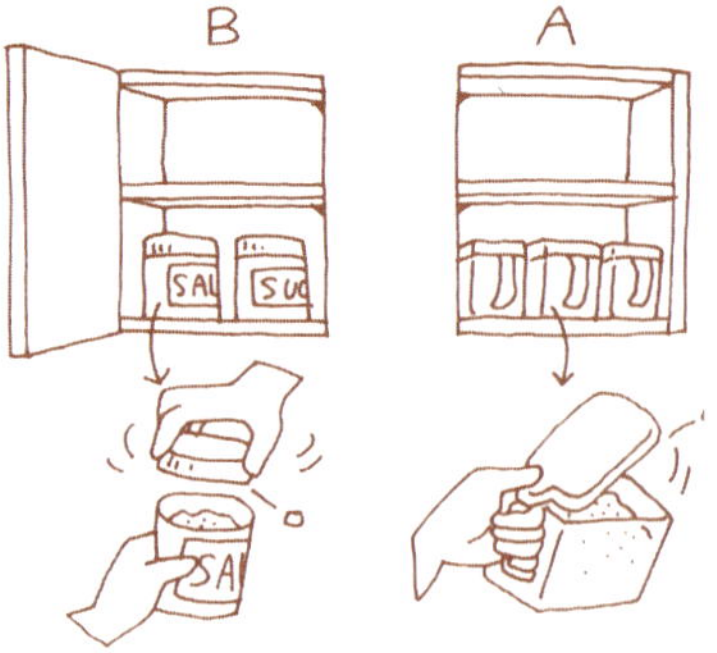

「良い収納」って何？

上のイラストはキッチンの吊り戸棚に収納している砂糖や塩です。Aは扉を外しています。AとBどちらが良い収納ですか？　と問われると、Aと思う人もいれば、Bと思う人もいて、迷いませんか。それは、何が良い収納なのかという軸がはっきりしていないからです。

そこで、私は「良い収納」を定義することにしました。

良い収納とは、

「与えられた条件のなかで、いちばん早く、労力を使わないで出し入れできること」

これを軸に考えると、答えはAです。

Aは、扉がないのですぐ出せます。容器もワンタッチなので、味つけが瞬時にできます。それに比べBは扉を開き、両手を使いフタを開けなければなりません。Aのほうが、ラクに出し入れできますね。常に「使いやすさを優先」するのが良い収納とします。

でも、こう思う方もいるでしょう。Bは扉で中が見えないのでスッキリするのでは……と。当然です。でもそれはインテリア性を優先していることになります。

使用頻度が少ない場合は、スッキリ見せることを優先させてもいいのですが、頻繁に使うものは、そう言ってはいられません。よほど時間にゆとりがあるか、こまめに出し入れできる自信のある人だけが、インテリアを優先させることが可能です。

自分で使いやすい「収納」を軸にするのか、きれい＝「インテリア」を軸にするのかをきちんと決めていれば、迷うことがなくなります。でもできるだけ美しく見せたいものですね。その場合は、まず先に収納を決め、それからインテリア性を考えれば、使いやすくスッキリした収納を実現することができます。とにかくインテリアは収納のあと、と思ってください。

インテリアは収納を考えてから

インテリアは室内装飾・演出のことです。収納とインテリアの違いを、本を収納する家具選びで考えてみましょう。

家具の形は本棚、サイズは本の量や置く場所で決めます。つまり置き場所、形、サイズを決めるまでが、**収納**です。そして、家具屋さんに行きます。決めている家具の機能、サイズを踏まえて、スチール製・木製などの素材、和風・カントリー風などのデザイン、そしてカラーなどを選びます。それは**インテリア**を決めているのです。

そのように、しっかりと収納とインテリアの違いを認識していれば、「すてきだと思って買ったけれど、きちんとモノが入らない、だから出しっぱなしになり散らかる」などという失敗がなくなります。

家具選びは、

置き場所、形（機能）、サイズ　↓　**収納**

素材、デザイン、カラー　↓　**インテリア**

住まいの快適のもうひとつのキーワードは、掃除です。これはホコリや汚れを取り除くことです。良い収納にすると、使ったあと、誰もがすぐ片づけられるようになるので、出しっぱなしがなくなり、モノをよけながら掃除することがありません。掃除機をかけるのも、テーブルや出窓を拭くにしても、さっとできます。

いままで掃除が嫌い、おっくう、時間がなくてできないと思っていた人も、きちんとした収納を一度実行したことで、掃除が好きになる人がたくさんいらっしゃいます。

それは、短時間で掃除が完了し、達成感が得られるからだと思います。

出し入れが楽チンなら、掃除も楽チン

収納指数とは？
収納は「歩数」と「アクション数」で使いやすさがわかる！

「収納指数®」それは、片づけやすさがわかる数値

では、どのように良い収納を実行すればいいのでしょうか？　その具体的な決め方の目安があります。

私は、出し入れが面倒とか楽とか言いますが、どれほど面倒なのか、どれほど楽なのかをわかりやすいように、「**収納指数®**」という数値で表すことを思いつきました。

たとえば、掃除しようと思ったら、掃除機がある場所まで移動します。そこで「**歩数**」という数値が生じます。

そこで立ち止まり、扉を開けるなどの動作があります。それを「**アクション数**」と名づけました。

モノを出し入れするためには、必ずこれら、**歩数**と**アクション数**が発生します。それを足した数値を「**収納指数®**」と名づ

動きが少ないほど使いやすい！
『収納指数＝0』
0歩0アクション

けました。この数値は知能指数とは逆で、少なければ少ないほど「楽で良い収納」となり、多ければ多いほど、「出し入れが面倒な収納」となります。

　たとえば、よく見る教科書や参考書が、学習机の目の前の本棚にあれば、0歩、0アクションで「収納指数＝0」、いちばんラクな収納（指定席）です。それが、もしも5歩歩く場所で、さらに本箱に扉がついていたとすれば、イスから立ち上がる（アクション1）、歩く（5歩）、扉を開く（アクション1）と全部で「収納指数＝7」となります。使ったら戻さなければならないので、出す、入れる、を二往復すれば収納指数は四倍近くになります。

　奥行きが深い本棚はたくさん入りますが、奥の方に入った本の出し入れを考え

たくさん動くのは面倒です

扉を開く（アクション1）　＋　歩く（5歩）　＋　立ち上がる（アクション1）

『収納指数＝7』

ると「収納指数」のほうが多くなるので、出すのが面倒になり、あっても読まなくなる可能性が大です。指数が多いということは、面倒ばかりか、使わなくなってしまうことにもつながります。

とにかく片づけやすくしたいと思ったら、この「収納指数」を少なくすることを実践すればいいのです。

前述の調味料のことは、実は私の家のキッチンです。扉がありましたが、1アクション減らすために、扉を外したのです。対面キッチンで、キッチンに立った人にしか見えないので、来客時も問題ありません。扉を外したら、調味料ボックスをカウンターに置かなくてもすむので、調理台が広く使え、作業しやすくなりました。

第2章　親子で学ぶ、整理収納の基本

収納改善は段階が必要

A君は一〇歳です。ベッドに入ってからマンガを読むのが習慣です。お母さんが子ども部屋に入ると、いつもベッドの下の床に何冊も本がバラバラと落ちています。ちゃんと本棚があるのですが、ベッドから離れた場所です。床に落ちているのは、眠たくなったとき、起き上がり、戻すのが面倒だからです。几帳面な人は別として大人でもそれは同じですね。

それを解消するため、子ども部屋の家具のレイアウトを変え、寝たままでも手が届く位置に移動しました。やっと、床に落とさなくなりました。

でもこのような声が聞こえそうです。「怠ける習慣がつくのでは？」と。そうかもしれませんが、掃除しづらい、見るたびにガミガミ叱る、夜中に足が引っかかって危険かもしれない……などのリスクとどちらがいいのかを考えると、習慣に合わせた最小の「収納指数」の収納を実行するほうが得策だと思います。

ただし、すぐ改善するのが難しければ段階的に行いましょう。まず、朝起きたら片づけるように、しつけをしてみましょう。言ってもそれがムリとわかったら、レイアウトを考えます。レイアウトが難しい場合は、寝たままでも本が置けるナイトテーブルのようなものを置けないか、と検討します。

子どもをしつけるとき、いつも心がけたほうがいいことは、何でも、頭ごなしに「○○しなさい」だけでなく、その理由をわかるように言い含めることです。子どももきちんと理屈を言えば、わかるものです。

収納はこのようにさまざまな状況から、対策が違ってきます。モノだけの問題と思いがちですが、持って生まれた几帳面さや性格もからんでくるのです。

とにかく収納には歩数に関わる「置き場所」とアクション数に関わる「入れ方」があるのです。先に、置き場所、そして入れ方を決めます。その順序を間違えなければ、やり直しのない収納が実現します。


ラクな収納がキレイを維持する！

始めてみよう親子で整理収納！

STEP1
モノを持つ基準を自覚する
2人目は…
STEP2
いらないモノを処分する
処分
リサイクル

整理収納には手順があった

何ごとにも手順があります。その手順を踏まずに、「さあ、今日は片づけよう」、または、雑誌の収納特集を見て「この収納、やってみよう」とすぐ始めるのは、前に山があるから、やみくもに何の下調べや準備もなく登り始めるようなもの。

たとえば雑誌に、「お皿は立てるといい」と書いてあれば、一〇〇円ショップでお皿立てを買ってきて入れます。使い始めて、一枚一枚取らなければならないことに気づき、また元に戻し、余計なモノを増やすハメに。こんなことが起きないように、手順を知りましょう。

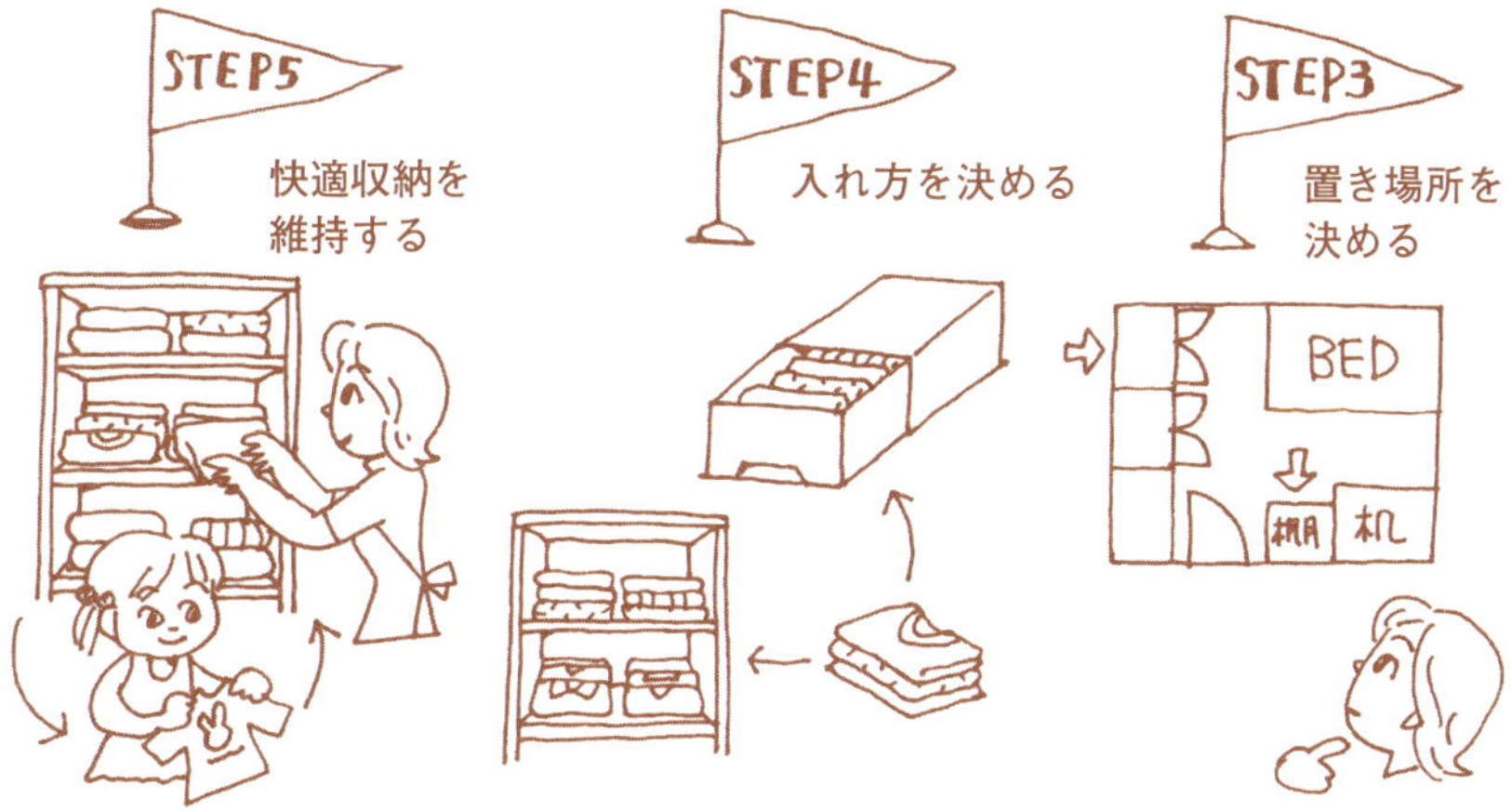
STEP5
快適収納を
維持する
STEP4
入れ方を決める
STEP3
置き場所を
決める
BED
棚
机

整理収納の手順

整理収納の手順は次の通りです。

「モノが片づく5つのステップ」

ステップ1←モノを持つ基準を自覚する
ステップ2←いらないモノを処分する
ステップ3←置き場所を決める
ステップ4←入れ方を決める
ステップ5←快適収納を維持する

私は片づけようとしたとき、どんなことをしているのかを考えてみました。すると次の5つの行動をとっていました。それでこのステップを考え出しました。たとえば、「こちらのほうが使いやすいかな」と**モノを移動（ステップ3）**したり、「もうこれ使わない」と**処分（ステップ2）**したり、「これ、また下の子が使うかも」と、**取っておく基準（ステップ1）**を定めたり、「服を入れるから、タンスを買おう」と**入れ物を考えたり（ステップ4）**します。

また、**使ったモノを戻す（ステップ5）**行為もしています。

これらが、収納を行う項目です。

実は誰でもこれらを行っているのです。でも時間が経つとまたぐちゃぐちゃになる、ということを繰り返すのは、順番が問題だったのです。やり直しがないようにするには正しい順番がありました。それがこのステップ順なのです。

この「モノが片づく5つのステップ」は、収納のマラソンコースのようなもので、順番を知らないと、早く着いても失格となったり、道に迷って、行きつ戻りつを繰り返し、なかなかゴールにたどり着けません。それが、何度がんばっても片づかないという現象だと思ってください。

これをもう少し詳しく見てみましょう。

ステップ1　モノを持つ基準を自覚する

片づかない大半の理由は、モノが収納スペースからはみ出すほど多いから。でもそうはわかっていても、何ひとつすぐ捨てる気にはなれません。その踏ん切りをつけるために、何を残すかという基準を考えてみましょう。それは、暮らし方や、生き方につながります。「えっ、そんな大げさな」と言われそうですが、そうなのです。

たとえば自分の家に二歳の子どもがいるとします。その子どもの小さくなった服を一枚捨てるにも、大げさなようですが、二人目の子を欲しいか否かが関わってきます。子どもが欲しいなら、その子どもに着せられるかもしれないので取っておく。

または子どもはもうつくらないと決めたら、お下がりは、不要です。このように、モノそれぞれに要、不要の基準があるのです。それを考えなければ、どれを見ても使えるものばかり、何ひとつ手放せません。収納の始まりは、まず暮らし方、生き方の確認なのです。

別に捨てなくても、置ける場所がたくさんある、とおっしゃる方も、その場所もいつかは満杯になるはずです。たまってからでは大変！　気づいたときから処分しておけば、安心です。

ステップ2　いらないモノを処分する

ステップ1で決めた基準に沿って「いらない！」とわかったモノをどんどんリサイクルやゴミとして家から出しましょう。ゴミの袋をあちらの部屋、こちらの部屋と移動させるだけでは、いつまでたってもスッキリしないので、やる気が失せてしまいます。とにかく家から早く出すことが先決です。**ステップ1と2**が**整理**ということになります。

ステップ3　置き場所を決める

不要なモノを処分したあとは「使うモノ」と「思い出品」が残ります。「使うモノ」は使う場所から最も近い場所を「指定席」と決めます。遠い場所に置くと、出しっぱなしや、しまいっぱなしになるので要注意です。「思い出品」は出すことが少ないので、押入れの天袋や、物入れの上のほうに収納してもかまいません。

ステップ4　入れ方を決める

置き場所を決めたら、次は入れ方。使用頻度が多いモノほど、扉のない収納など、少ないアクション数で出し入れできるラクな収納を心がけます。**ステップ3と4**がまさに**収納**です。つまりP55の「指定席」をつくることです。

ステップ5　快適収納を維持する

片づいた状態をキープするために、「出したらすぐ戻す」を守ることが鉄則です。これがP55の「片づけ」。そのほかに重要なのはむやみにモノを増やさないことです。

ステップ4までがんばるのは、すべてが**ステップ5の「片づけ」をラクにする**ためだったのです。

片づかなくなったらはじめに戻る

さて、このステップを実行するのですが、一回だけ実行すれば安泰かというとそうはいきません。子どもの入園、入学などで持ちものや生活が変わったら、見直しが必要です。そのままの収納にしておくと、新しく増えたモノの指定席がない状態なので、片づけているつもりなのに片づかない、散らかりやすいという現象が起きます。そう感じたときは、置き場所や入れ方を見直す必要があります。

たとえば、オモチャの収納を考えると、はじめはお母さんがいつもいるリビング、それから、子ども部屋へと置き場所が移ります。成長して新しいオモチャが増えたとき、もう使わないオモチャがあるはずです。それを処分することも必要です。実はその見直しは、**ステップ1**に戻ることなのです。

最初に戻り、それから**ステップ2→ステップ3→ステップ4**と順に軌道修正を行います。つまり、節目節目で、見直ししていけば、限られたスペースにいつまでも使いやすく収納できることになります。

ステップ1 モノを持つ基準を自覚する
ステップ2 いらないモノを処分する
ステップ3 置き場所を決める
ステップ4 入れ方を決める
ステップ5 快適収納を維持する

このリピートを忘れずに繰り返すことが整理収納なのです。「収納ってこんな仕組みだったのね」とわかっていただいたところで、次はこのステップに沿って、**子ども部屋の収納**をやってみましょう。

さあこれから、このテキストに沿って、実行しましょう！

第3章

やってみよう！親子で整理収納

何を持ち、何を捨てるべきか

ステップ1　モノを持つ基準を自覚する

住まい全体も子ども部屋も片づかない要因の大半は、モノが多すぎることです。入れる場所を意識しないから、気楽に買えるのです。出し入れのしやすさを保とうとしたら、買えないはずです。

さて、子ども部屋ですが、小学校入学のときから与える家庭が多いようです。それまで、子ども部屋の予定の部屋は物置状態で、大人のモノの格好の置き場所になっていることが多々あります。そのような状況の場合は、モノを減らすための心構えが必要です。心構えは、簡単に言えば、いらないモノと子どもの幸せ、どちらが大切か？　ということです。

最大収納容量とは？

家には、**最大収納容量**というのが決まっていることを考えたことがありますか？　それは部屋の面積から、ドアなどの開閉と歩くなど人の動作に必要なスペースを除いた平面を天井の高さまで使った容積が最大収納容量となります。たとえば、左図でグレーになっている部分です。窓が多いと収納スペースが少なくなることがわかります。

実際には、モノが入らないベッドや机も置くことになるので、可能な収納量がさらに減ります。

最大収納容量とは

開口部と通路をふさがずにモノが置ける空間の最大量のこと（下のイラストのグレー部分の天井までの空間）

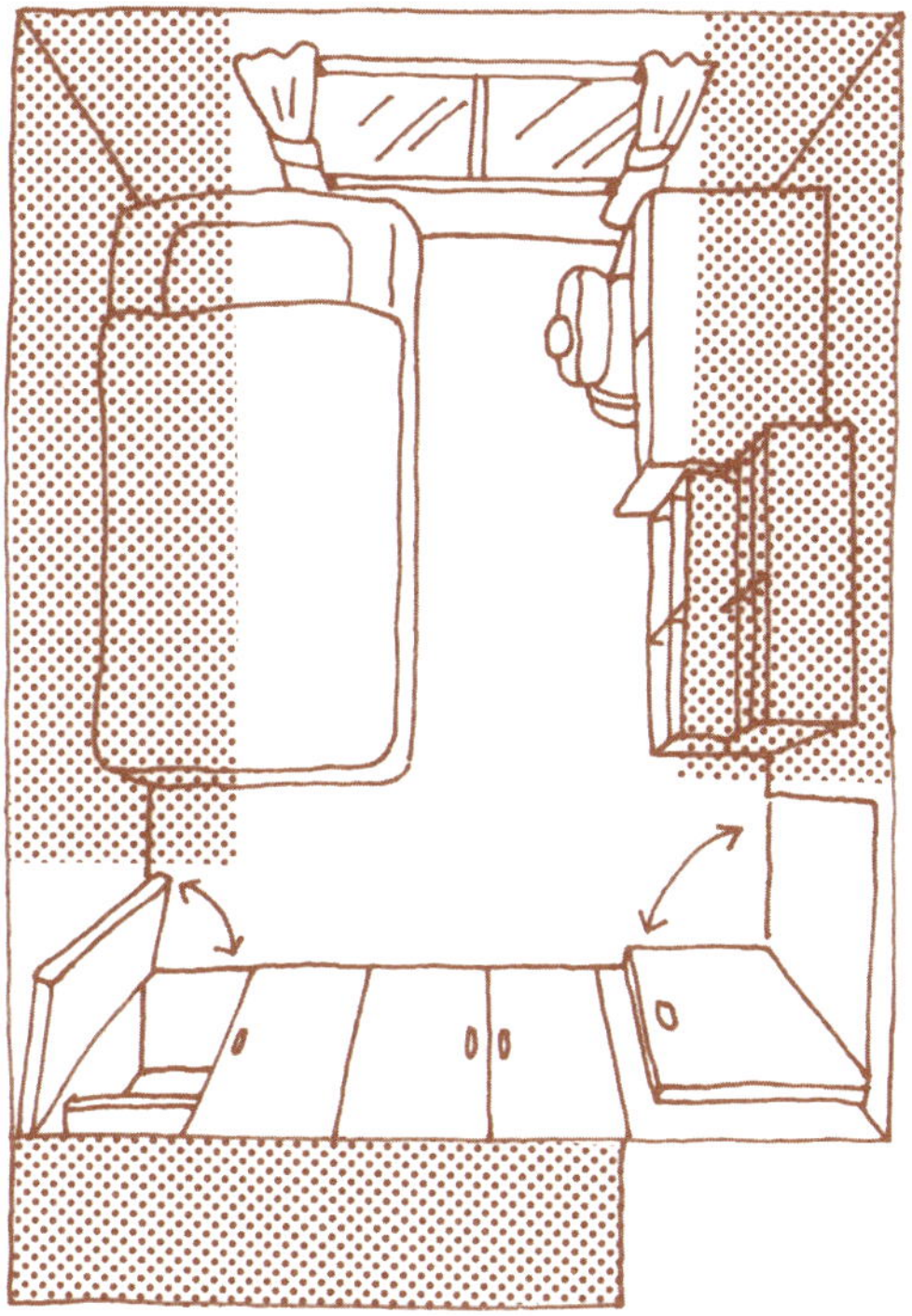

適量ってどれくらい?

でもそこにびっしり収納できるかというと、そうはいきません。観光バスの最大乗客数と定員数との関係で考えてみると、たとえば、その定員は、両側二人ずつ座った四〇人とします。でも補助席を使うと最大五〇人乗れます。それが最大乗客数です。でも乗れることは乗れますが、後部座席の人が降りるとき、補助席の人全員が立ち上がり、イスを閉じなければならないので出入りがとても大変です。収納にも同じことが言え、最大量は入るけれど出し入れが面倒とは、このようなことです。

だから定員の四〇人にとどめるべきです。この四〇人が適量なのです。

使わないモノは「住まいの贅肉」

何気なくたまったモノは住まいの贅肉です。体の贅肉もたまるとメタボリックシンドローム（高血糖・高血圧・高コレステロールなどの原因）になるのと同じように、住まいも風通しが悪くなり病んできます。

贅肉が増えすぎるとそれを減らすのは、とても大変。体が重いので、運動するにも動きが緩慢になり、何よりつらさは倍増です。贅肉がまだ少ないうちなら、さほど大変な思いをしなくてもすむでしょう。モノも多いとそれと同じと考えましょう。持ちすぎるほど時間もつらさも深くなります。

ぜひ、この子ども部屋の収納をきっかけに、捨てるつらさを知ってください。そのつらさが学習効果となり、その後「捨てる」モノを安易に買わなくなります。

そのことを早く知るほど、一生を通して無駄なスペース、お金を使わずにすみます。「捨てる」行為は、今後捨てないことのための必要な学習とも言えます。

捨てるは「捨てない」の始まり

捨てるつらさを学んで片づけ上手に！

捨てるためのそれぞれの基準

年齢で区切る

子育て用品

気がつくともうとっくに不要になったベビーバスや、ベビーラックなど……。リサイクルできるものは、早く世に出してあげましょう。早ければ、誰かに使ってもらえます。子育て用品も流行があるので、古いタイプになると、ゴミに直行です。もったいないですよね。急ぎましょう。

オモチャ・絵本

オモチャや絵本も、年齢とともに使わなくなってきたものがあります。見れば思い出したようにまだ遊ぶことがある、というものは、場所があればそのままに。でも、いま遊ばせたいオモチャの出し入れを面倒にしていれば、手放すほうが得策です。

絵本は、場所を取らないので、本箱に入らなければ、思

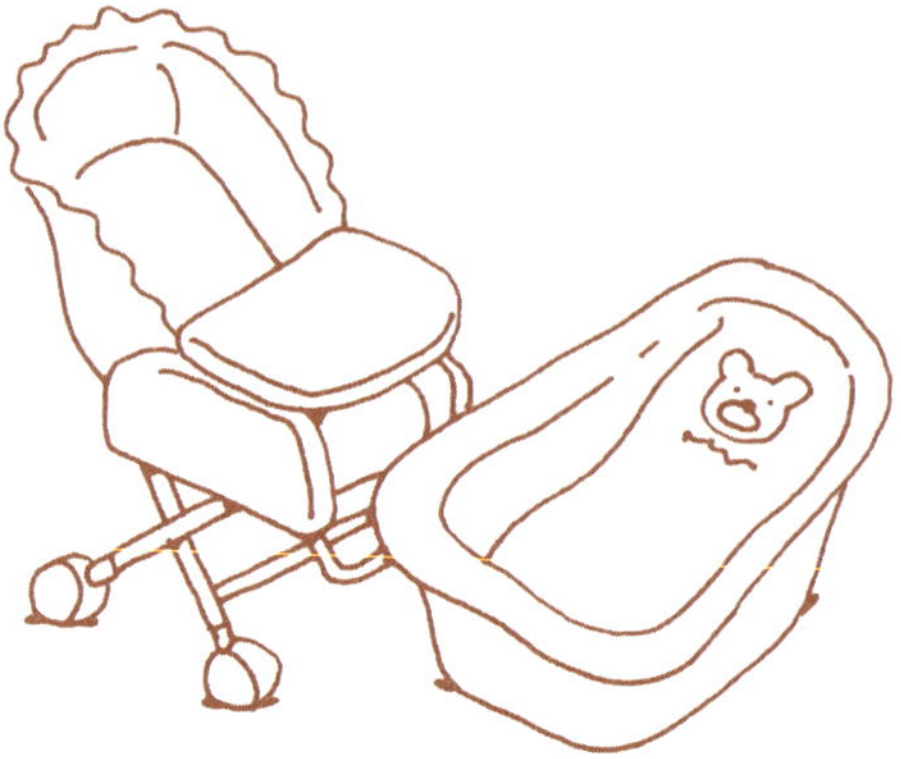

子育て用品は
早め早めにリサイクルを

衣類は

きれいなものはリサイクル。シミがあったらすっぱり処分

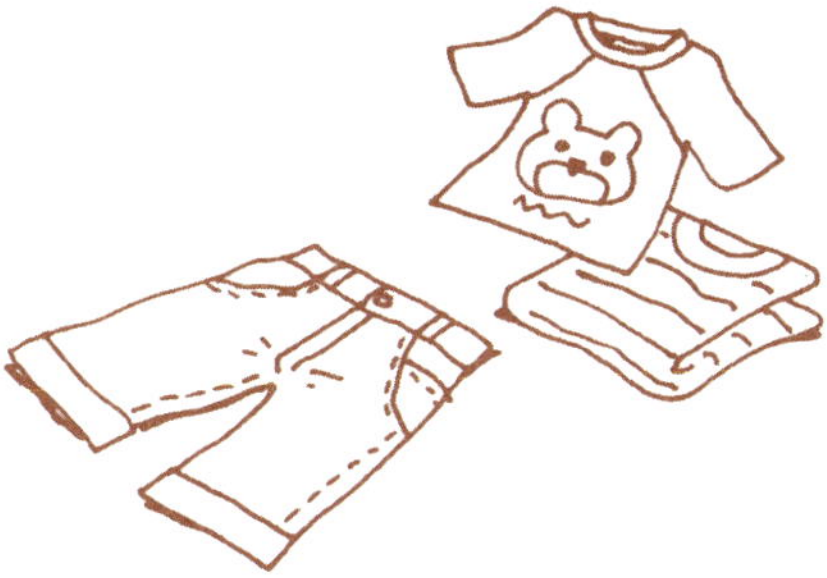

オモチャ・絵本は

気に入ったものを厳選して残す

い出の品として、ほかの場所に移動します。移動する場所がなければ、子どもに何度も読み聞かせたり、本人が好きだった絵本に絞って取っておきます。

衣類

衣類も着られない服が次第に増えます。「最近この服着ていない」と思った服は、サイズが合わなくなったか、親が着せにくかった、または子どもの好みで着てはもらえなかった服です。サイズが小さい服は、下の兄弟姉妹に着せる場合を除き、処分です。しかし、まだ誰かに着てもらえそうなものは、リサイクルを心がけましょう。

ではどんな服がリサイクルできるか？　ですが、ある方が「これ、リサイクルに」と分けた服を見ると、洗濯してありますが、シミが取れていません。それは、リサイクルはできません。自分が逆の立場で、その服を見たとき、手に取るか否かを基準にすればいいと思います。いくら自分が気に入っていた服でも、他人にとっては汚れなのです。

知育教材・教科書など

知育関係の教材も、迷うところです。今後使うことがあ

知育教材・教科書は

取っておくべきかどうか、
自分のゆとりとも相談を

るか、その時間があるかを考えましょう。

よく悩まれているのが、英語の教材。専用の本棚もあり、かなり場所を取ります。年齢的にもう使わないと思っても処分に迷うのは、高かったこと、また充分に使わなかった……という悔しさです。私も同じ経験があります。子どもの教材は通常、親がかりでやるもので、子どもひとりで使えるものではなかったのです。自分の時間や、マメさが必要という意識がなかったのが、失敗のもとでした。

購入するということは、それを使いこなす時間と気持ちのゆとりも一緒に用意しなければならなかったのです。とりあえず買って安心したものでした。それは大人のダイエットと同じようなものです。その関係のＤＶＤや健康グッズがありませんか？　アレって手に入れた時点で、サイズダウンになった錯覚を起こし、満足します。そう、使わないと何の変化もないのに。子どもの教材もそれに似ているような気がします。

でも、もしもまだ使える年齢で、自分に時間と置き場所ができたら、活用するかもしれない……と思ったら取っておき

システム教材は
専門の買い取り業者をさがしてみて

リサイクル先を見つけるのも、手放す手段

ましょう。なぜなら、収納ステップ４まで実行したら、置き場所と子どもの相手をする時間が生まれるかもしれないからです。それを目的に、がんばってください。それでも使わなかったら処分すればいいのです。買う前に使う時間があるのか、を確認するのは大切なことです。

処分先ですが、有名な「システム教材」は、それ専門の買い取り業者があります。発行年、保存状態によって買い取り価格が変わってきます。インターネットで「教材、リサイクル」、または教材名などのキーワードで検索するとわかると思います。ただのゴミにするのがつらくて取ってあった、という方はリサイクルと考えれば、手放しやすいのではありませんか。

スペースで区切る

持つべき量を、「年齢で区切る」ことは時間で区切ることです。あともうひとつは、「スペースで区切る」方法があります。置き場所のスペースを決めたら、それ以上は置き場所はないと諦めます。一つ買ったら一つ捨てるが基本と思ってください。

「諦めが肝心」とよく言います。よその家では、あんなモノもこんなモノもある。我が家は買えるけれど置き場所がない、ということはよくあることです。でもそれは仕方がありません。大きい家に住みたくても、人それぞれ「運」というものもあり、それを受け入れることも大切です。「身の丈を知る」ということも必要なのです。

プレゼントをどう考える

しかしながら、こんな例も少なくありません。自分はそれを知っているし、増やさないでおこうと思っている。しかし、おじいちゃん、おばあちゃんが次から次へと買ってくれる。「もう買わないで」と言えない……。これは、決して些細なことではありません。モノに振り回される生活は、しつけ、掃除など影響が大きいものです。

おじいちゃん、おばあちゃんには、気落ちさせないようなこんな言い方はいかがでしょう。「いつもありがとうございます。でも、プレゼントの回数が多いと、それが当たり前と思って喜ばなくなるから、誕生日とか、特別ほめてあげたい時だけにしたほうが、○○も喜ぶと思います」などと。逆に自分が言われてもショックを受けない言い方を考え、思いやりを持って、モノが増えると、このように困ることがあると、勇気を出して少しずつ言ってみましょう。

ほかにこのような例もあります。

父親がいつも仕事などで忙しくて子どもと遊ぶ時間がない、子どもに忘れられないように、また罪ほろぼしと思い、どんどん子どもが喜びそうなモノを買い与えて、身動き取れない散らかった部屋に……。トホホ……と笑えない事実も少なくありません。

我が家もその傾向があるという場合は、「モノより心」という言葉をいま一度考え、話し合ってみましょう。それも子育ての仕事のひとつと思って。

ステップ2　いらないモノを処分する

使っていない大人のモノが子ども部屋にありませんか？「子どもの幸せのため」と考え、「これは、もう我が家にあっても役割はない」と思うモノは思い切って手放しましょう。子ども部屋が気持ちのよい部屋になれば、年齢が小さければオモチャを広げやすく、小学生なら気分がすっきりして勉強にも集中できます。

捨てる心の準備ができたら、徹底的に、家から不用品を出します。

仕分けるための、ゴミ袋とダンボール箱を用意

まず、可燃・不燃・危険物・資源ゴミなど、自治体の分別ルールに合わせた数の**ゴミ袋**、リサイクル用と思い出用に分けて入れる**箱など**を**用意**します。

リサイクルは、自治体、民間、奉仕団体などいろいろあるので、それらを利用します。インターネットを利用している方は、リサイクルで検索すると、モノ別に検索することができます。たとえばぬいぐるみで困ったら、「**ぬいぐるみ　処分**」で検索すると、ぬいぐるみやお人形の供養を頼めるところなどいくつか出てきます。便利ですね。

日本は資源に乏しい国です。金属なども可能な限り資源ゴミとして出し、ムダにしないようにしましょう。「分ければ資源、分けなければゴミ！」。そ

子どもの作品は大事な思い出です

んなスローガンを思い出しましょう。それは未来の自分の子どもたちのためになるのですから。

ここで注意！ 子どもの作品はゴミにあらず

ここで注意です。子どもの作った工作や絵は、不用品ではありません。思い出品です。思い出品は、その子が作った時期などを思い起こすという役割があります。お金では、あとから買うことができないので、まずは、用意したダンボール箱にまとめておいてください。

そして収納の仕方はP96の思い出品（作品や作文、成績表）の通りです。

その思い出箱は、子どもが社会人になったら、子どもというより、親の思い出箱となるので、そのときから親サイドで収納します。子どもはある日、親から見せられたとき、懐かしく感じると思います。何より、自分のモノを親が大切に思い出として取っておいてくれた、という気持ちがうれしいのではないでしょうか。

子ども部屋に必要な収納

▼ステップ3 「置き場所」を決める
▼ステップ4 「入れ方」を決める

どんな家具が必要か

子ども部屋に必要な収納を結論からお伝えしましょう。

必要な家具は、

Ⓐ 本棚（奥行き三〇センチ）
Ⓑ 棚の家具（奥行き四〇センチ）
Ⓒ 学習机
Ⓓ ベッドまたは押入れ
Ⓔ 洋だんすまたはクローゼット
Ⓕ 引き出し

この必要なⒶ～Ⓕの六点収納を子ども部屋にレイアウトしておけば、大人になるまで万全です。

次の図は、D邸の六畳の子ども部屋で六点をレイアウトした結果です。部屋と家具の比率は同じです。

〈子ども部屋のレイアウト図〉

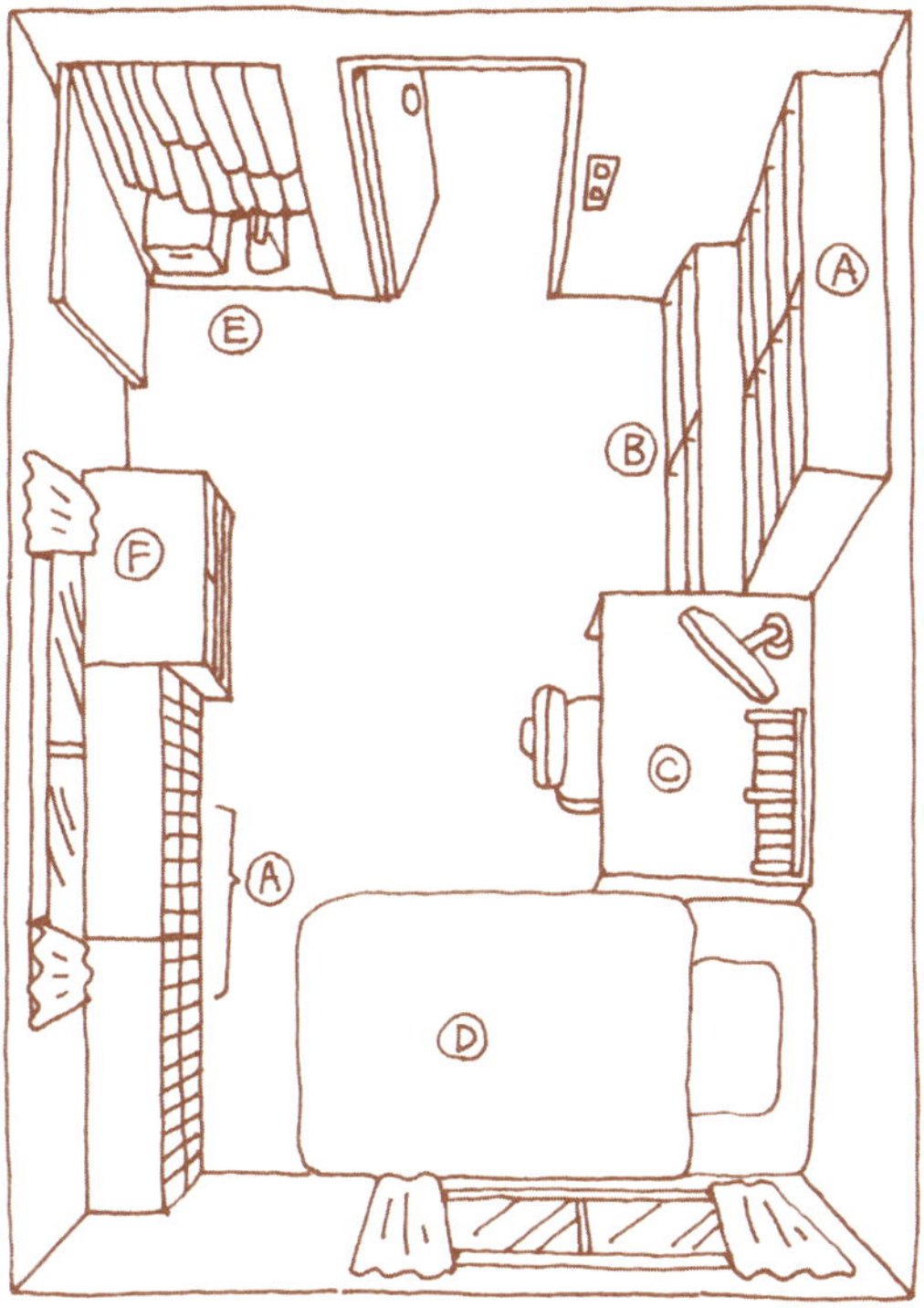

子ども部屋に必要
なものはある程度
決まっています

次に、これを決めていったプロセスを見てみましょう。

収納はこのように決まってきます。

人（子ども）がいる

↓

その人が行動する

↓

その行動に使うモノが発生

↓

そのモノを収納する

さて子ども部屋での**行動**を考えてみましょう。子どもの行動は大きく分けて、**1勉強する**　**2寝る**　**3遊ぶ**　**4着替える**の四行動。その行動に必要な道具とその収納方法は次の通りです。

子どもの行動1
勉強する

使うモノ　本や教科書類、プリント類、文房具、学用品、通学用品、おけいこバッグ、スポーツバッグ、思い出品など

必要収納　Ⓐ本棚、Ⓑ棚の家具、Ⓒ学習机

本や教科書類

教科書や参考書などは当然本箱に収めます。

その**置き場所**は机に座って手が届く位置。イスに座ったまま出し入れできるのが理想です。少しでも離れていると、戻すのが面倒で机の上などに置きっぱなしになりかねませんね。

次ページのイラストのレイアウトのように理想の位置に本棚を置けなければ、机の正面に本棚がセットできる**Ⓒ学習机**を選びましょう。そこに頻繁に使う教科書やドリルなどだけ置き、見る回数が少ない本類は、机から離れた位置でも仕方ないと考えます。

それら**Ⓐ本棚は奥行き三〇センチ以内**を選びます。

奥行きが深すぎると、奥の本は見えないし、取れませ

ん。Ｐ87のＤ邸の子ども部屋のように、窓下の壁面に単行本やマンガ本用の、奥行きが浅い一二〜一六センチの棚を用意すると部屋が狭く感じられることなく片づけやすくなります。

重い本は斜めに倒れると、出し入れがおっくうになり、ぐちゃぐちゃになりかねません。ブックエンドを使いしっかり立てるようにしましょう。この仕上げを怠らないことがとっても重要なポイントです。

本の入れ方ポイント　ブックエンドを使う

学習机ですが、「低学年のうちは、一階の親の目が届く場所で勉強させたい」という考え方なら、リビングやその隣の部屋に置きます。自分の部屋で勉強するようになったら、それを子ども部屋に移動します。

子ども用プリントは
出し入れラクなトレーを使った収納に

親用プリントは
ホルダーに入れ、ダイニングやリビングに

■ プリント類

プリント類は①保護者用と②子ども用の二種類あります。

①**保護者用の置き場所**は、子ども部屋よりも、お母さんがいつも目を通しやすい、リビングあたりに置くのが賢明です。**入れ方**は、イラストのような出し入れがいちばん楽な紙の個別ホルダーが便利です。参加、不参加など返事を出さなければならないプリントは、透明なクリアホルダーに入れ、目につく位置に置くと出し忘れがなくなります。子どもが二人以上の場合は、個別ホルダーもクリアホルダーも子ども別に色を決めるとわかりやすいものです。

②**子ども用**は入学したらすぐ発生します。これらの**置き場所**は当然子ども部屋です。**入れ方**はいろいろ試してみましたが、いちばん維持できたのはイラストのように、**本棚にトレーを重ねておき、種類ごとに入れる方法**でした。場所は取りますが、いちばん出し入れしやすい「収納指数」でいうアクション数

文房具は
必要なものだけ
をひとまとめに

ゼロの収納法です。
子どもの性格上、きちんとできそうなら、Ａ４判の個別ホルダーに種類ごと挟んで本棚に立てれば場所を取りません。それはアクション数１～２の収納となります。どちらにしても本棚に収納します。

文房具

これらは、消しゴム一つ、えんぴつ三本など、手元に置きたいアイテムや個数を決め、それをイラストのような文具収納用品を使い、ひとまとめにして、学習机の上に出して使います。

アイテムとしてはえんぴつや色えんぴつ、消しゴムやホチキス、定規、のりなど。その他えんぴつ削り、セロテープカッターです。

それ以外のストック、またはあまり使わないものは机の引き出しに入れます。しかしながら、引き出しは、余計なモノを持ったりしなければ、必ず必要とはいえません。

筆記用具は

仕切りを作って
きちんと立てる

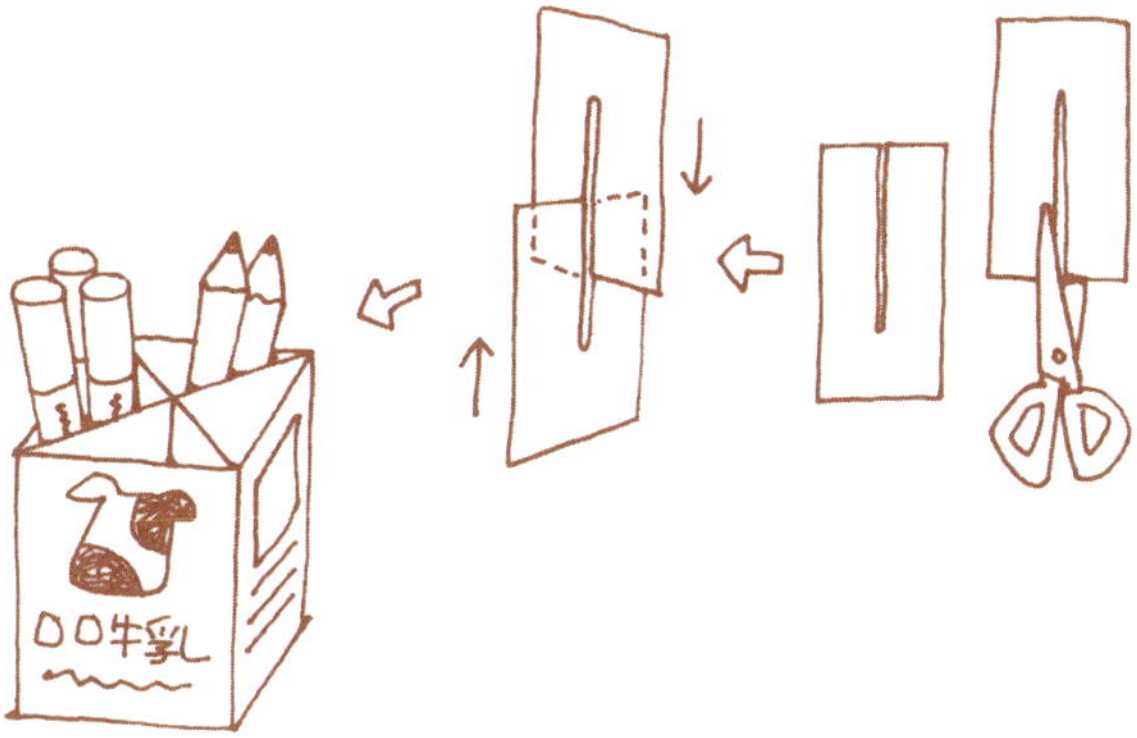

文具は、プレゼントしたり、されたりして、家中から集めると山のように出てくるケースは珍しくありません。使うひと通り以外の文具は、一ヵ所にまとめ、**置き場所**も子ども部屋よりも、家族皆がわかりやすいリビング収納などの場所に置くことをおすすめします。

入れ方としては、小さいホチキスの針や消しゴムなどは、浅い引き出しにひと並べにし、ぐちゃぐちゃを避けるために、空き箱などを使って入れるといいでしょう。

長いえんぴつやペン類は、化粧品が入っていた細長い箱や牛乳パックをイラストのように仕切って種類別に入れ、さらにそれをフタのない箱に入れます。

文具がなくなったら買う前に「文具ストック」の引き出しや箱をまず見る！　という習慣を家族でつけておけば、ムダな買いすぎがなくなります。

文具はアチコチに分散すると、意外に場所を取り、また粗末にします。このように一目瞭然にしておくと、「足りている」ことがわかるので、あるものをきちんと使い終えることができます。

学用品は
指定席をつくりやすい
棚収納で忘れもの激減

「消しゴムやえんぴつの落としものを取りに来る子なんか、もう誰もいないのよ」と教師の方から聞いたのは二〇数年も前です。いまではもっとモノが豊富になり、粗末にしています。経済的にゆたかになるのはいいのですが、モノが豊富すぎて大切なことが忘れられているような気がします。

学用品、ランドセル、お道具箱など

勉強道具は本類のほかに、ランドセル、絵の具や習字かばん、鍵盤ハーモニカ、リコーダー、図画工作の道具などがあります。これらは本棚にも、学習デスクの引き出しにも収まりにくいサイズなので、もう一種類、Ⓑ**奥行き四〇センチの棚の家具**が必要です。

ランドセルは、毎日、教科書などの入れ替えがあるので、学習机のそばに配置します。置き方は、ふたをあけたまま出し入れしやすいように、イラストの向きに置くと便利です。

忘れやすい運動着や上履き、給食の白衣、図書館に返

バッグ類は

フックにかけて吊るすのが便利

却する本など、必ず収納しなければならないものは、きっちり「指定席」を決めます。さらに、そこにラベルをつけると戻す習慣がつきやすく、忘れものが激減します。

通園バッグ、おけいこバッグ、スポーツバッグなど

バッグ類の**入れ方**は棚に置く、吊るす、の二通りです。

立ちにくいバッグは吊るすのがいちばん。壁などにフックをつけて吊るします。クローゼットがあり、まだ服を下げないのなら、イラストのように、下にハンガーパイプを付け足して、そこに回転S字フックを通して吊るすと、出し入れしやすく見やすくきれいに収まります。身長が高くなり、邪魔になったら外します。

マンションのクローゼットによっては、付け足さなくてもハンガーパイプを下部に移動できる場合があるので、確認してみましょう。

あとの方法は、棚に置く方法です。自立するバッグはそのまま、倒れそうな形は、スタンド（ブックエンド）

作文や成績表は
引き出し式の収納
ケースに入れる

を使います。出したあと、そこが空席になっているので、お片づけもしやすくなります。
子どももラクにキチンとモノが収まれば、片づけるものです。子どもの目線と、出し入れしやすいことを考えて位置や入れ方を決めましょう。

思い出品（作品や作文、成績表）

それらの**置き場所**は、やはり子ども部屋です。クローゼットの下や、押入れの下段などに置きます。**入れ方**は子どもが自分で出し入れしやすいプラスチックの**引き出し式の収納ケース**が経験上、便利でした。幼稚園や保育園では、行事ごとに工作をし、思い出といっても、入れる回数が多いのです。だから、**フタ式よりも引き出し式の収納ケースのほうが便利**なのです。

作品は、持ち帰ったら、飾ってあげましょう。子どもが小さいうちは、リビングなど目につきやすい場所に飾る場所を決めておき、まずそこに飾ってあげます。それは子どもにとってうれしいものです。

子どもの作品は

写真に撮り、写真を思い出引き出しに

子どもの作品を飾る場所を決めましょう

次の作品を持ち帰り、そこに飾れなくなったら、引き出し収納ケースに入れます。しかし、次から次へと持ってくるので、当然入りきらなくなります。その場合は、写真に収めてコンパクト化し、涙をのんで処分するか、こわれるまで、ほかの場所に置きます。

絵や作文、成績表など紙類は、ためば小さくなるので、そのまま入れましょう。子どもの絵を入れる専用ファイルが市販されていますが、大きいのでそれを入れる場所を決めてから購入してください。その置き場所に困っているケースをよく目にします。

持ってきたとき、見るからに引き出しに入らない大きな芸術？作品は、こわれないうちにその場で子どもに持たせて写真を撮っておきます。そうすれば作った時期もわかります。その写真も、思い出引き出しに入れます。

子どもの行動2
寝る

使うモノ　寝具
必要収納　Ⓑ棚の家具、Ⓓベッドまたは押入れ

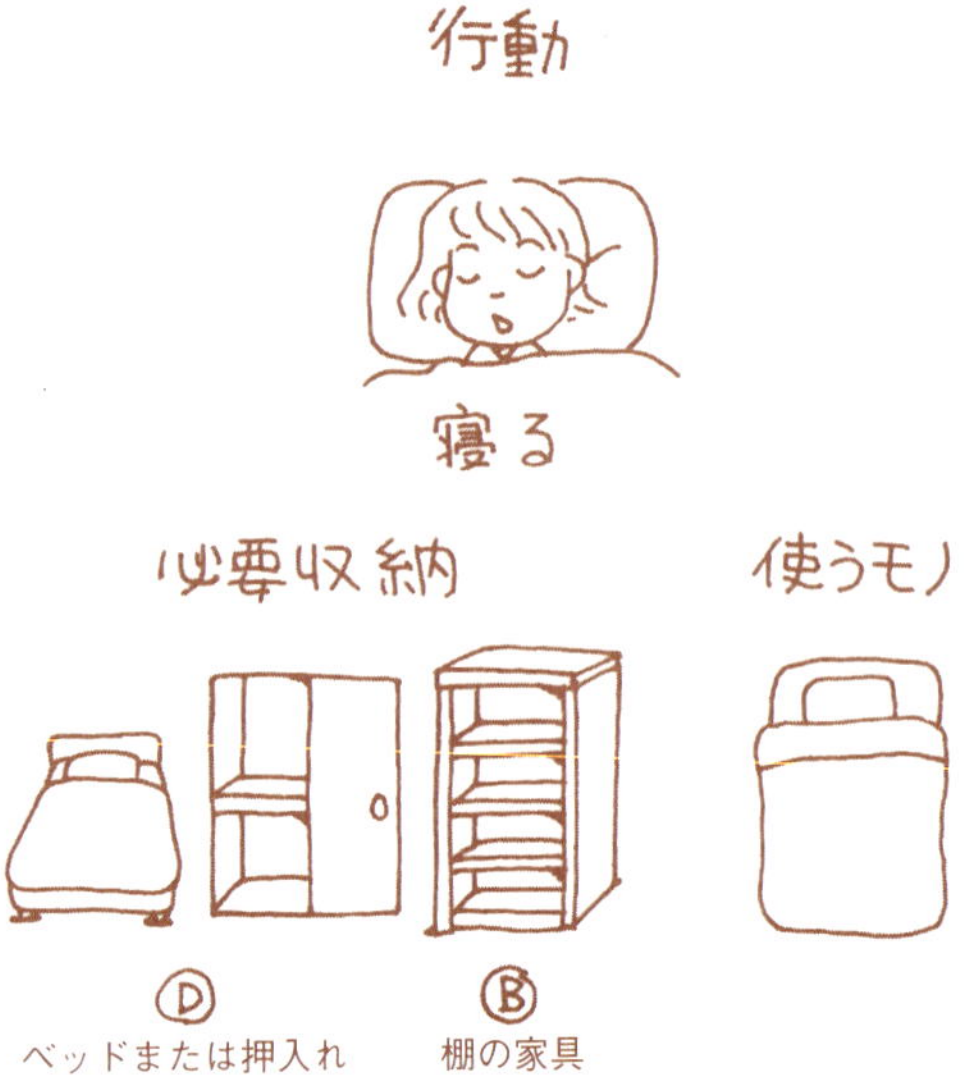

寝具

ベッドの場合、布団収納は不要と思いがちですが、シーズンオフの掛け布団を入れる場所が必要です。**置き場所**は、クローゼットがあれば上部の棚が候補にあがります。

入れ方は布団袋にギュッと小さくして入れます。そのためには掛け布団は羽毛にしなければ入らないと思います。羽毛布団なら**奥行き六〇センチのクローゼット**の棚に入ります。ちなみに私は、奥行き四〇センチの物入れの棚に冬掛けも入れています。空気を出して小さい袋に収納すれば意外に入るものです。

シーツやカバーの替えは、乾ききる日に洗濯すれば、基本的になくてもいいのです。ただし、汗をよくかく、

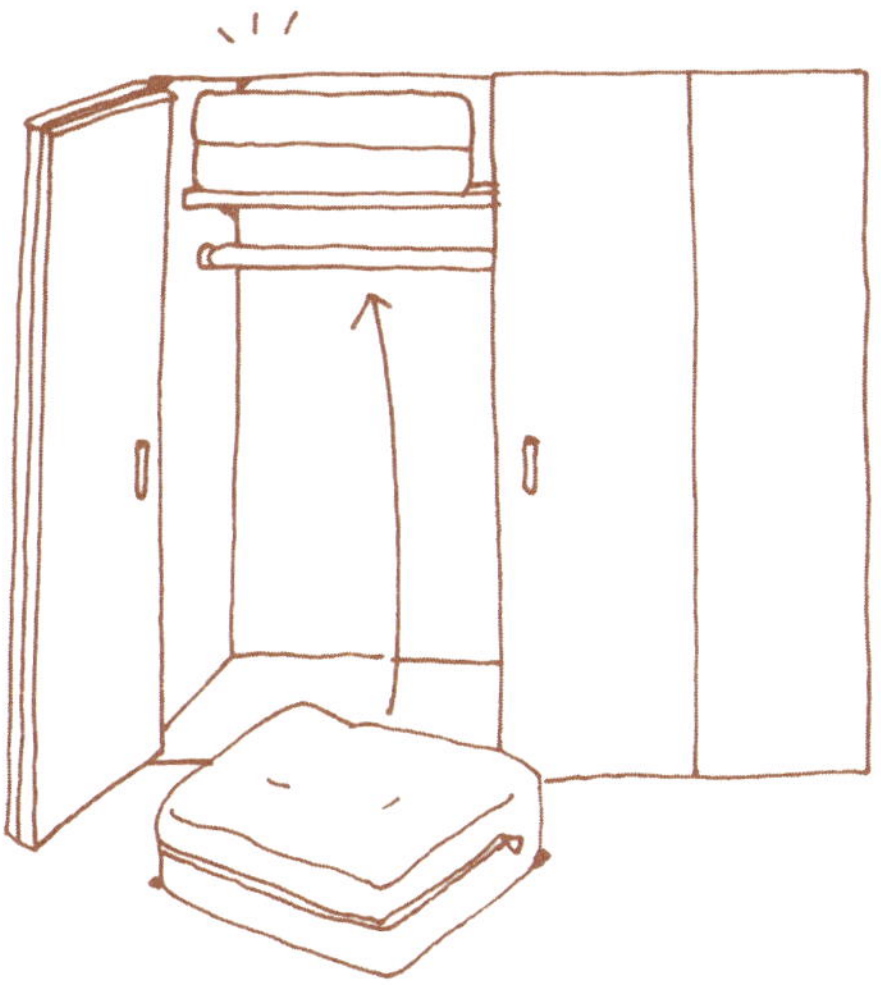

おねしょをするなど年齢や状況で必要枚数を用意します。**「子どもが使うものは、すべてその部屋に収める」**という考え方が重要です。なぜなら、何度も言うようですが、そのなかでやりくりする能力は、大人になってからの収納能力にもつながるからです。

布団の場合、押入れがないと、困ります。面積が少ないのに部屋数があるマンションなどの場合、ベッドも置けない、押入れもないというケースが少なくありません。その場合、布団収納家具もありますが、タダでさえ狭いのに部屋がさらに狭くなります。仕方がないので、邪魔にならないように部屋の隅にたたんで置き、それにマルチカバーをかぶせます。きっちり入れるカバーもありますが、子どもが毎朝入れるのは難しいようです。続けられる方法が無難です。

たたんだ布団の置き場所は、あとから気づいて「どうしよう」ということにならないために、部屋のレイアウトを決める際、忘れないようにしましょう。ちなみに、**たたんだ布団は最低一メートル×七〇センチのスペース**

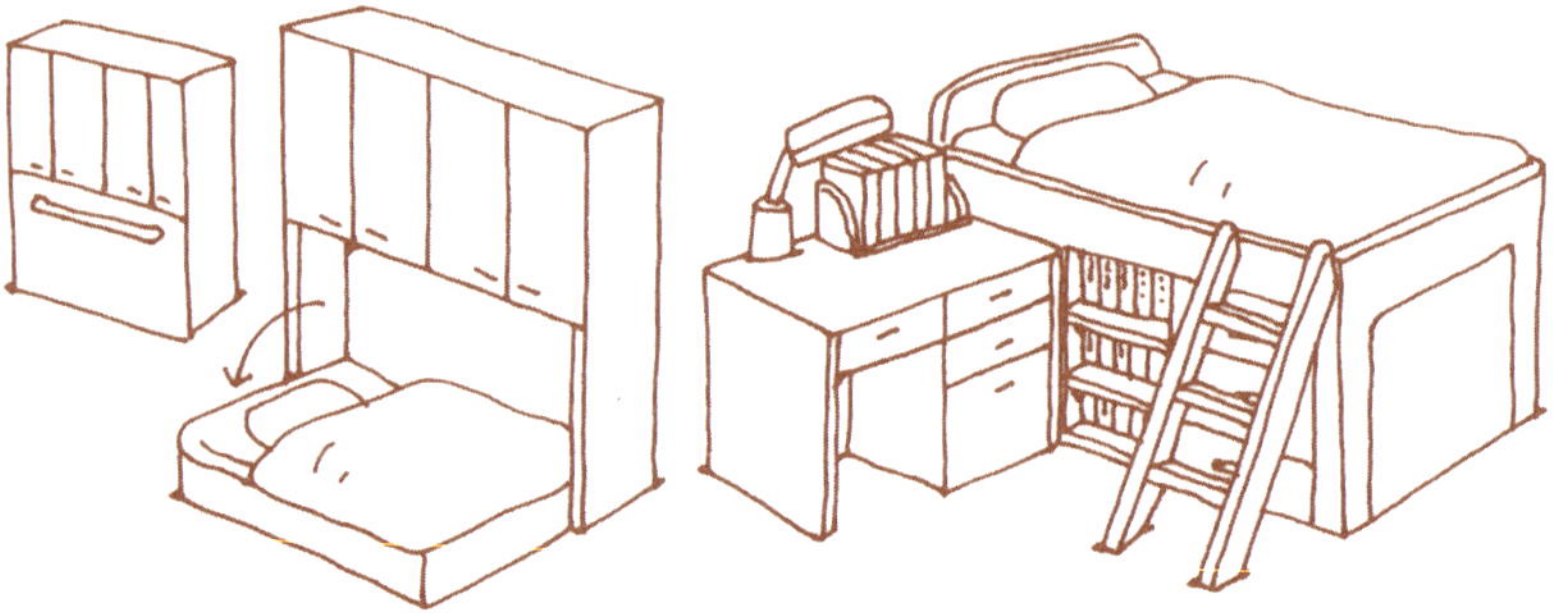

が必要です。

そのほか、イラストのような収納付きベッドを使うことも考えます。注意するのは、下に机が入る高さのベッドです。寝る位置がかなり高く、上がると怖い感じです。あるお宅では、買ったけれど、子どもが怖がって、とうとうそこで寝なかった、というケースもありました。選ぶときは寝る高さを確認しましょう。

このほか収納付きベッドとして、イラストのような格納ベッドもあります。安価ではありませんが、ものは考えよう。広い家を購入するよりは、安くつきます。

「便利で環境が良いけれどコレでは狭いかもしれない……」と思っても、案外家具の揃え方で狭くても必要な収納を確保することができるものです。

子どもの行動3
着替える

使うモノ　衣類
必要収納　Ⓑ棚の家具（奥行き四〇センチ）、Ⓔ洋だんすまたはクローゼット、Ⓕ引き出し

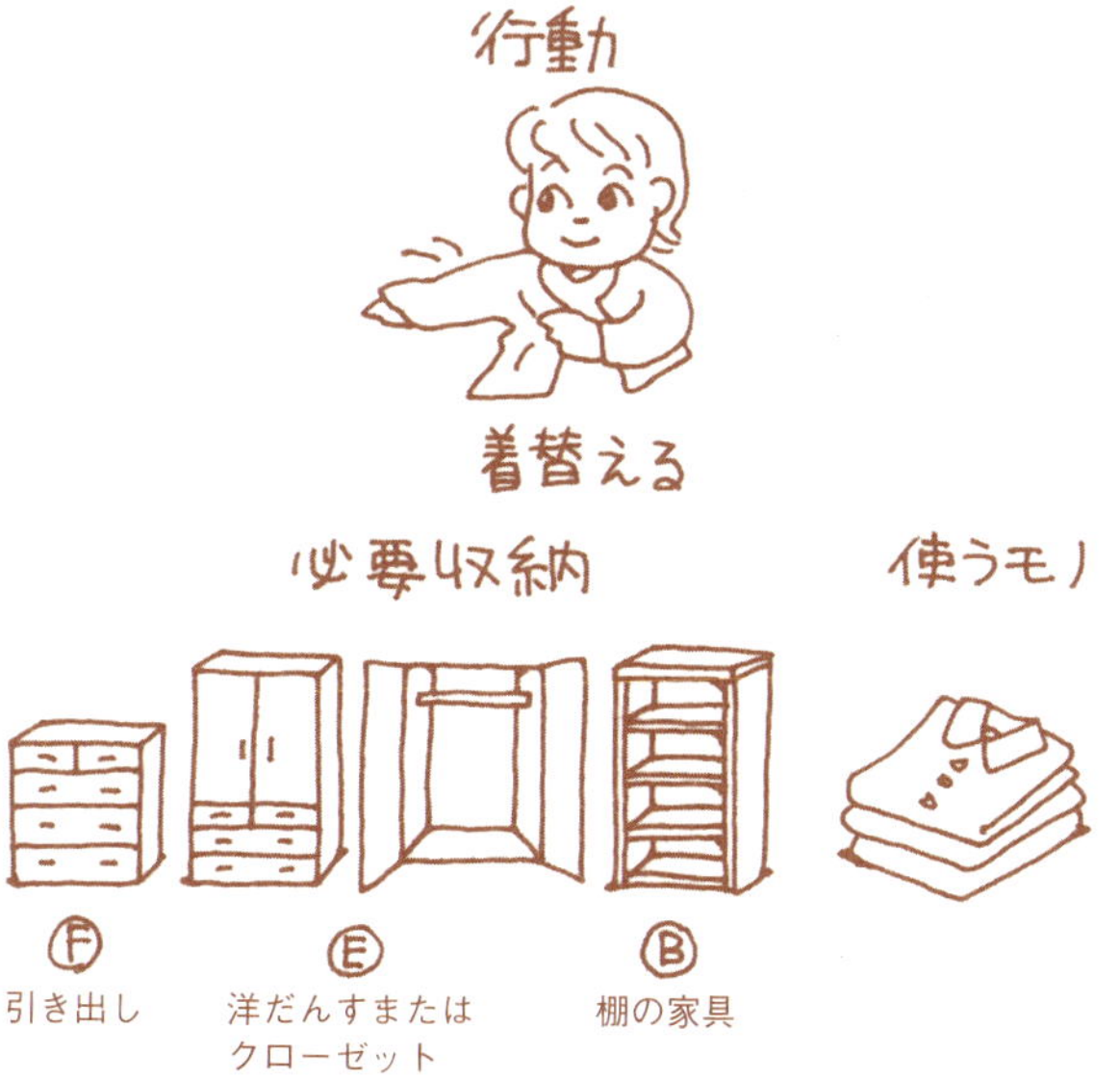

ハンガーにかける服

Ⓔ洋だんすまたはクローゼットに吊るします。

クローゼットのハンガーパイプは、そのままの高さでは、子どもの手が届きません。その場合は、おけいこバッグ収納でご紹介したようにハンガーパイプを低い位置につけると使いやすくなります。小さいうちは、ハンガーに吊るす服は少ないのですが、園服は吊るさないとシワになります。

ハンガーパイプを取り付けるのにイラストのようなU字型ソケットを利用すると、高さを変えられる

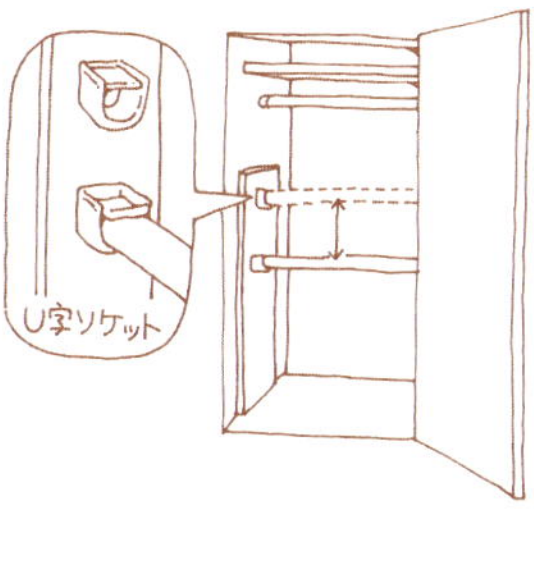

上着類は
扉のある棚収納にすると見やすく選びやすい

上着（スカートやズボン、シャツ、トレーナーなど）

扉のあるⒷ**棚の家具**にたたんで入れます。

ただし、服のサイズが一〇〇センチ以下のものはたたむと小さいので、それまでは引き出しに入れたほうが扱いやすくなります。それ以上のサイズから、たたんで棚に数枚を重ねて置きます。

使う収納用品は、奥行き四〇センチの学用品収納と同じ形状とサイズの棚なので、それを二ヵ所用意することになります。しかし、二ヵ所も用意できない、という場合は、一緒に入れてもかまいません。

棚は引き出しに比べ、扉を開けただけで手持ちの服が一覧でき、子どもが自分で服を選ぶことができます。

下着や靴下など

これらは、たたんで、Ⓕ**引き出し**にひと並べにして入れます。

置き場所は、部屋のクローゼット近くです。衣類をか

下着や靴下は
こんな仕切りがあるとスッキリ！

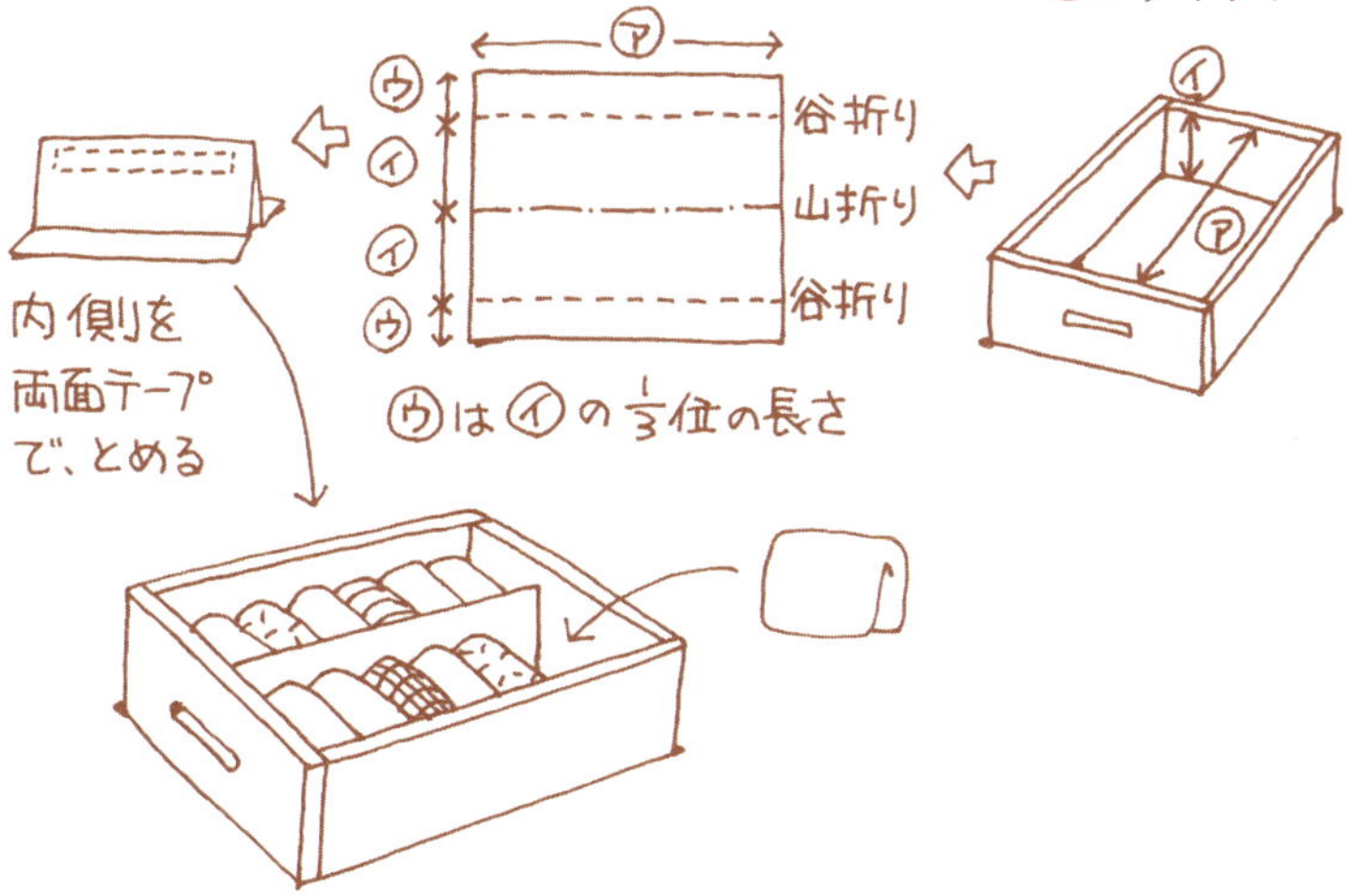
ア
ウ
イ
イ
ウ
谷折り
山折り
谷折り
イ
ア
内側を両面テープで、とめる
ウはイの1/3位の長さ

ためて配置すると、着替えがとてもラクで衣類が散らかりません。

引き出しはアクション1で出し入れがラクです。プラスチックの引き出しを購入して、クローゼットの中に入れる方が多くいますが、扉を開ける、引き出しを引く、のアクション2になり、こまめに出し入れをできていないケースが大半です。アクション1にこだわりましょう！

また、数種類の下着や靴下を同じ引き出しに入れることが多いと思います。その場合、ごちゃ混ぜにならないよう必ず〝タテ方向〟に仕切ります。そのために、イラストのような仕切りを作ると、たたんだ幅に合わせてセットできるので、空き箱を利用するよりも、きっちりと入れることができます。このひと手間をかけることで、次の大きなメリットがあります。

・指定席がきっちり決まる
・洗濯したモノを、子どもが自分で入れるしつけをしやすい

引き出しへの入れ方は？

たたんだとき、輪になるほうを上に向けて入れる

輪を上にして入れる
仕切りを入れて区分けする
12~15cm

・何枚あれば間に合うのかがわかり持ちすぎを防ぐ
・一目瞭然なので子どもが自分で選べる
・取るとき、ほかの衣類をぐちゃぐちゃにしない
・小さくなったサイズの衣類がわかりやすく、よけやすい

引き出しの深さは、一二センチ～一五センチに。あまり深いものは空間にムダができます。あらたに用意する場合は、深さを確認しましょう。もしも、いまある引き出しが深い場合でも決して上下に違う種類の衣類を入れないようにしましょう。下になったものは使わなかったり忘れたりするからです。

入れ方は、必ずたたんだとき、輪になるほうを上に向けて入れれば、一枚一枚がはっきり見え、ほかのモノを間違って出すことがないので取り出すときぐちゃぐちゃになりません。

また、よくベッドの下や押入れに深いプラスチックの引き出しケースを使いますが、かなり几帳面でマメな子どもでなければ使いこなせないものです。深いと下に重

まだ大きい服は
サイズごとに分けてあると忘れず活用できる

なった服が見えないことと、出し入れする際、中身がぐちゃぐちゃになりやすいのです。とにかく、ひと並べに入る浅い引き出しを選びましょう。

まだ大きいサイズの服と小さくなった服

子ども服は、先のサイズを買い置きしたり、リサイクルでまわってきた服などが常にあったりします。それらも、サイズごとにわかりやすく分けて、棚や引き出しを使い収納しましょう。その指定席をきちんと決めておけば、「気づいて見たら、もう小さくて着られない」、など悔しい思いをしなくてもすみますね。

子どもの行動4
遊ぶ

使うモノ　オモチャ、ゲーム、音楽プレーヤーなど
必要収納　Ⓐ本棚（奥行き三〇センチ）、Ⓑ棚の家具（奥行き四〇センチ）

やはり棚家具が機能的です。

大きいオモチャは、棚にそのまま置きます。

小さなオモチャは、ボックスにまとめます。

パズルのような厚みのないものは、棚板の枚数を増やせば、効率よく指定席が設けられます。

小さなミニカーなども棚にのせます。ミニカーやマンガ本などは、可能なら奥行き一二～一六センチの棚に。

子ども部屋といっても、子どもは成長して、音楽を聴くなど、くつろぐという行動をします。それらも見据えると棚ならミニコンポなども収納できます。

棚家具は、収納の万能選手

このように**奥行き三〇、四〇センチのサイズの棚**があ

棚家具はおすすめ

棚家具があると使いやすく収納できる

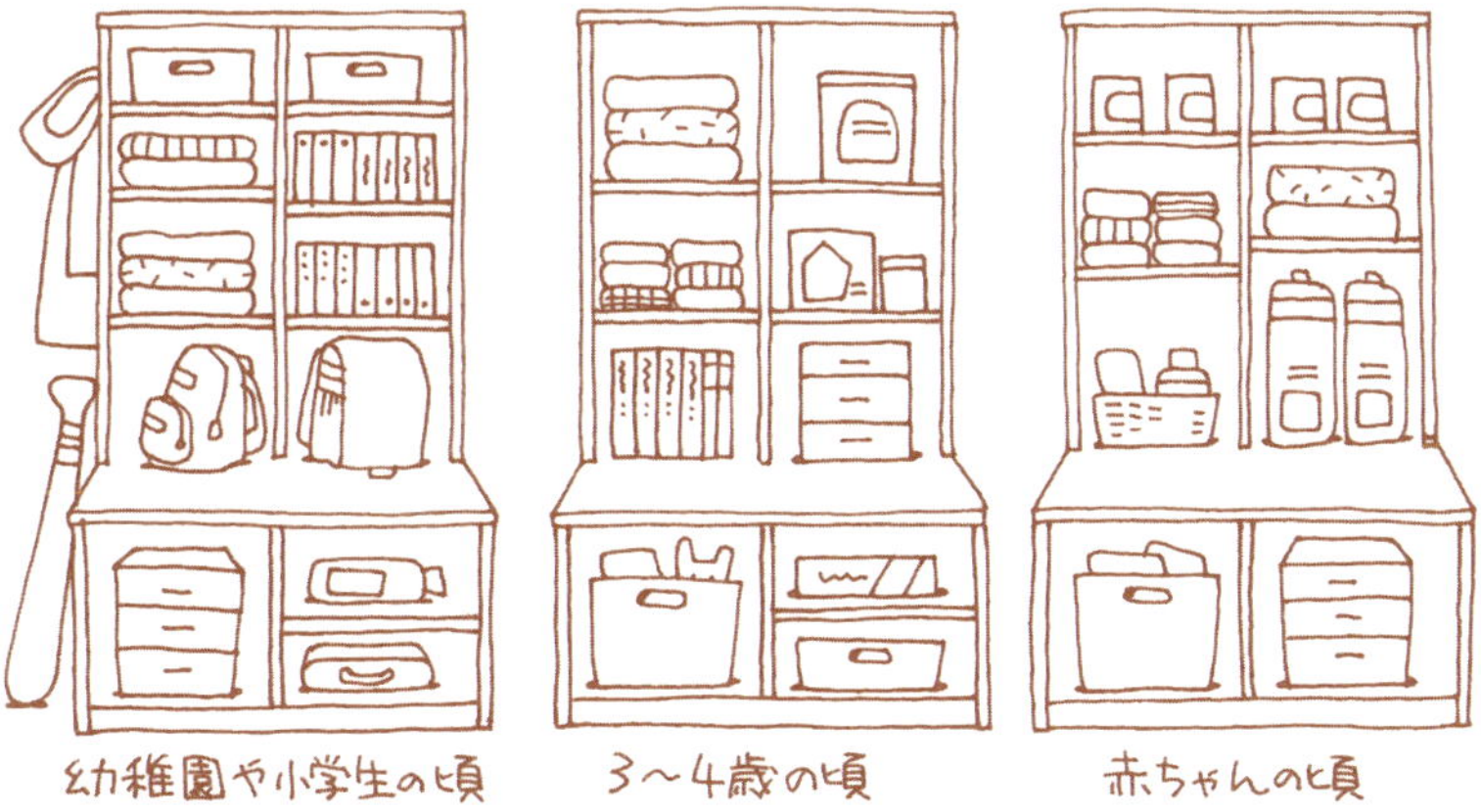
幼稚園や小学生の頃
3～4歳の頃
赤ちゃんの頃

れば、赤ちゃんから大人になるまで、成長とともに持ちものが変わっても、棚の高さを調節すれば使いやすく収納できます。

〈赤ちゃん～三歳まで〉
オムツの買い置き、タオル、まだ先の年齢の衣類やオモチャ、リサイクルに出す衣類など

〈三歳～四歳になったら〉
オモチャや絵本、衣類など

〈幼稚園・小学校低学年〉
オモチャやゲーム、通園バッグやランドセル、絵本、本、衣類など

〈中学・高校・大学生〉
本、かばん、オーディオ類、ＣＤやＤＶＤ、衣類、お化粧品、ほか趣味のもの

つまり、三〇センチ、四〇センチの奥行き二サイズの棚の家具があれば、多種類のモノを効率よく収納可能なのです。

棚家具を買うときの注意点

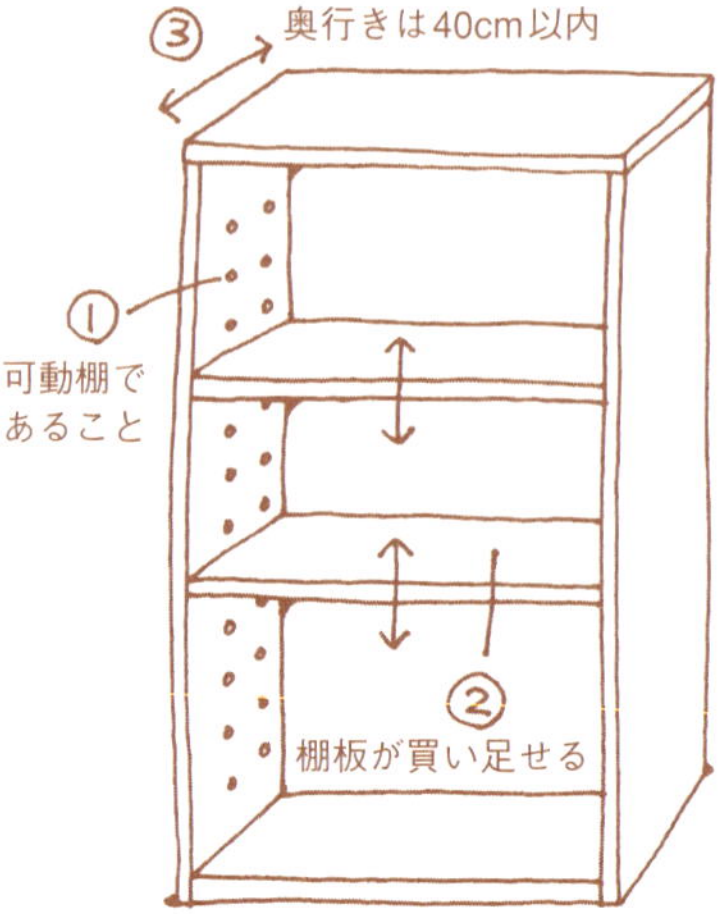

棚の使いやすさは、高さを自由に調節できること

それには、選ぶポイントが三つあります。

棚家具の三つの注意点

① 棚の高さを自由に変えられることが重要

棚受け用のピン穴などが、ずらっと並んでいることを確認しましょう。微調整が利くと、重ねなくてもいいので、すべての出し入れが楽ちんになります。

② 棚板の枚数を増やしたいとき、買い足せること

枚数があると、厚みの薄いゲーム盤にもそれ専用の指定席を設けられます。

③ 奥行きが四〇センチ以上の深い棚は避けましょう

モノのサイズは四〇センチ以内が多いので、奥行きを深くすると前後に違うモノを入れたくなり、結局奥に入れたモノは使いにくく、ぐちゃぐちゃになりかねません。

棚を使いこなす4アイテムの収納グッズ

棚家具はいろいろなモノの収納に使いますが、ただやみくもに入れてもぐちゃぐちゃになります。そうならな

棚を便利にする4アイテム

この4つのアイテムで棚の収納は万全！

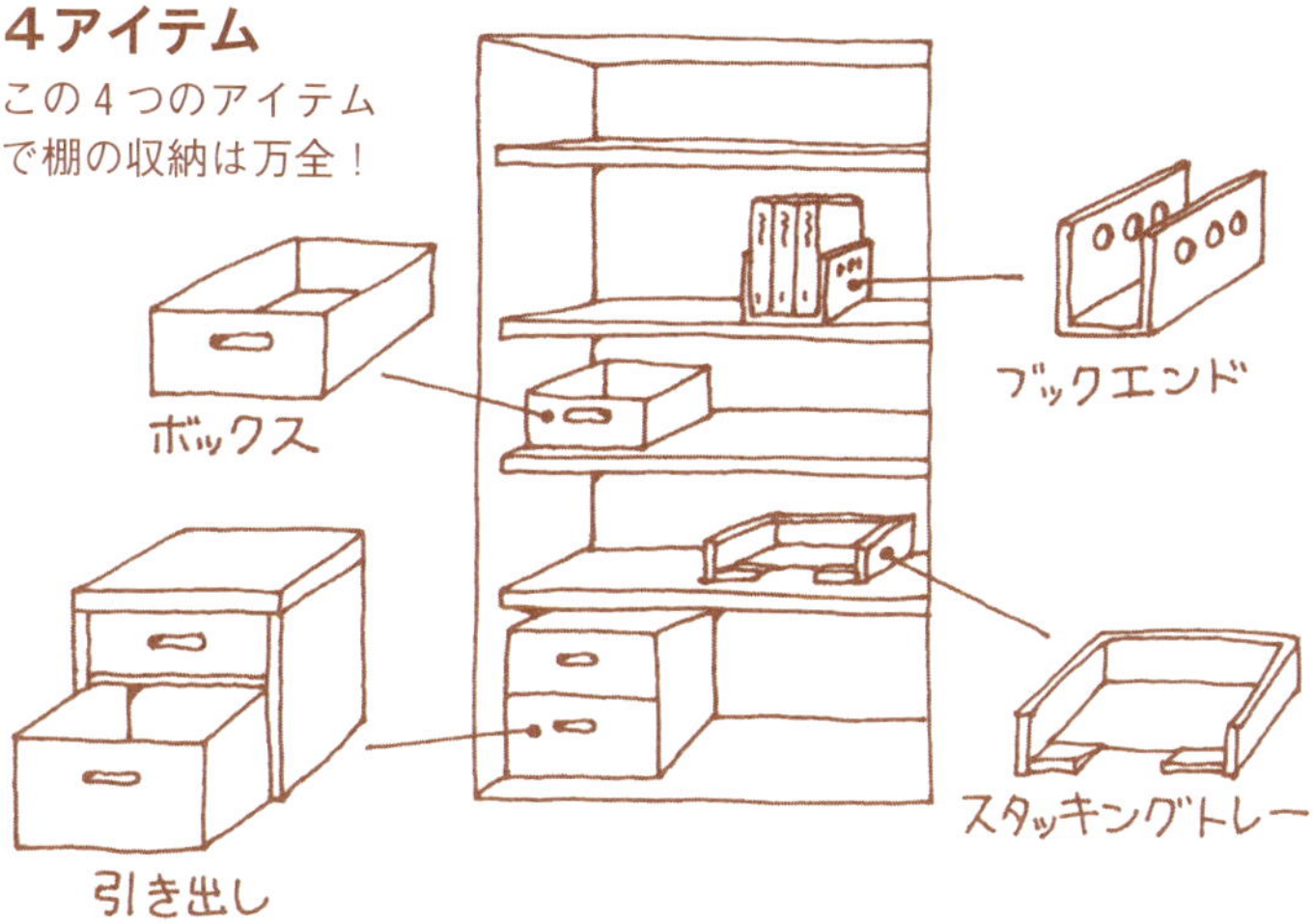

いように次の4アイテムを使います。

① ブックエンド（スタンド）→本など倒れやすいものに使う

② スタッキングトレー→ペーパーなどを分類して収納

③ フタのないボックス→分類したものをひとまとめに収納

④ 引き出し（浅い・深い）→ひと並べにして入れたいモノを収納

この4アイテムはここまでの棚家具の入れ方ですでに登場しています。棚＋4アイテムを組み合わせて使うことで、目的別に分類したり、重ねずに置くことができ、すべてが1～2アクションで出し入れできます。ゆえに、片づけ上手な子を育てます。

棚を重ねて使ってもいい
奥行き違いの棚が便利です

奥行き違いの棚を重ねる

棚が便利なことがわかったけれど、三〇センチと四〇センチの二サイズの棚を置くスペースがないケースのほうが多いものです。その場合は、イラストのように、机の高さまでを奥行き四〇センチに、その上を三〇センチにすれば、安定感もあり、両方の家具が用意できたことになります。

学習机の前に収納家具を

子ども部屋の家具を揃える優先順位は①から⑥の順です。

① **本棚（奥行き三〇センチ）**
② **棚の家具（奥行き四〇センチ）**
③ **ベッドまたは押入れ**
④ **学習机**
⑤ **洋だんすまたはクローゼット**
⑥ **引き出し**

学習机が先にきそうですが、モノを収納する家具が優

子ども用家具を買う順番
収納家具を揃える順番は決まっている

① 本棚 30cm
② 棚の家具 40cm
③ ベッド
④ 学習机
⑤ 洋だんす／クローゼット
⑥ 引き出し／押入れ

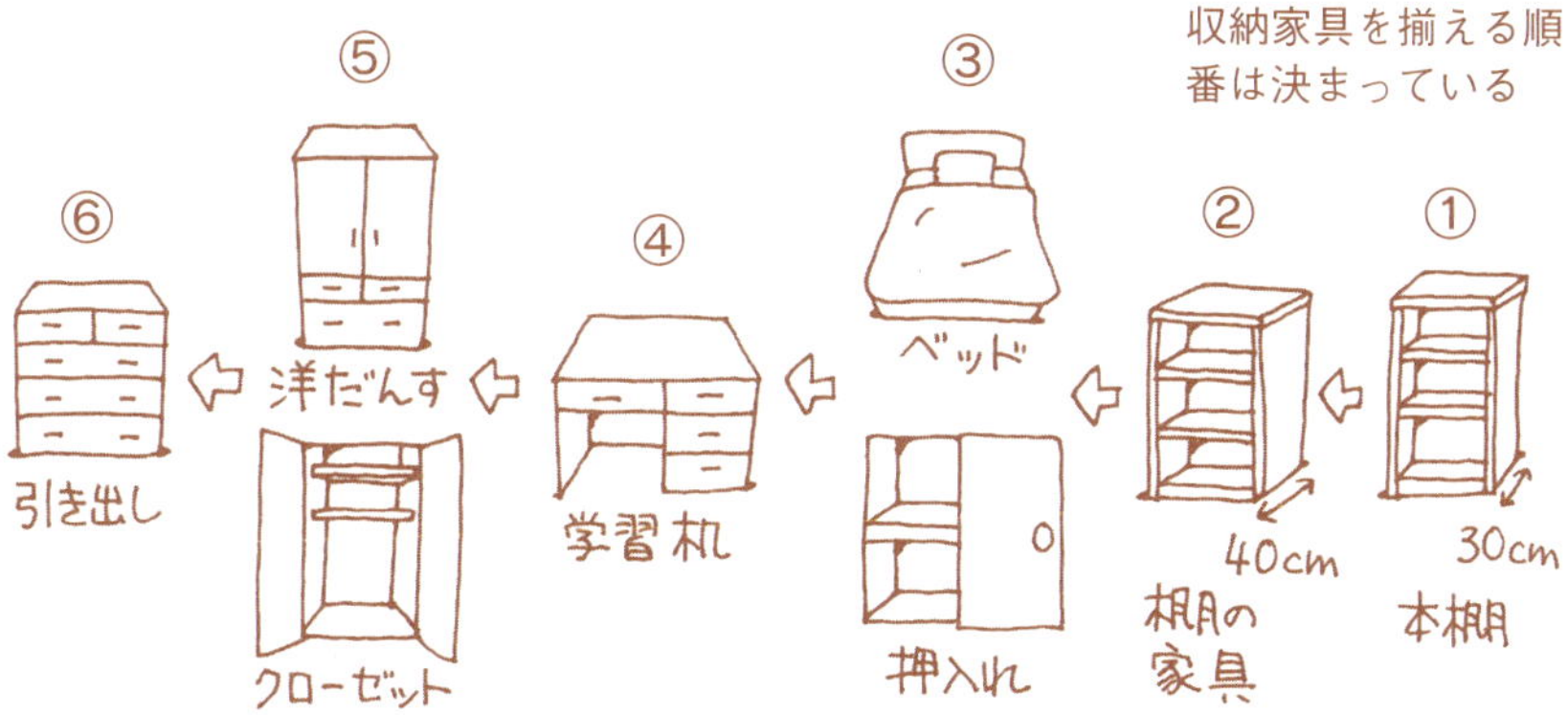

先です。なぜなら、狭い部屋の場合、机は使うときだけ出せる折りたたみでも間に合いますが、収納家具は折りたためません。だから、まず収納家具のスペースを決め、それから学習机の置き場所やサイズを決めるのです。⑤、⑥の衣類収納は子ども部屋内に入らない場合、ほかの場所に収納することが可能です。

■ **はじめから揃えなくてもレイアウトは決めておく**

①から⑥の家具は、最初から全部揃えなくてもかまいません。しかし、「将来はここに、これを、こう置く」とレイアウトだけは、あらかじめ決めておくことは重要です。なぜなら、子どもは確実に**成長すること**、**部屋の広さ、必要な家具は変わらない**のですから。

計画的に揃えていくと、机が大きすぎて、ベッドが置けないなどという失敗がなくなります。

片づいた気持ちのよい家を維持する

▼ステップ5　快適収納の維持管理

片づいた状態をキープするために、とにかく「使ったら、あったところに戻す」ことです。これが前述P55の「**片づけ**」です。「収納指数」が最小の収納はしつけも楽にできます。

あとは、「増やさない」こと。子どものモノはただでさえ、年齢とともに増えます。だから、できるだけ余計なモノは増やさない意識が必要です。しかし、子どものモノは余計と思ったモノがあってよかった、ということもあります。

こんなことがありました。親が旅行の帰り、私の家に寄ってくれて、観光地で買った、金色のぴかぴかの〝うちでの小槌〟のオモチャを置いていきました。それを見た瞬間「うわ、何これ！」とがっくりきました。でもそれが役に立ったのです。「一寸法師」の絵本を読んであげていたら、子どもが急に立ちあがり、そのオモチャをとってきて振りかざしていました。思わず笑ってしまいました。そこで「ムダと思うものも、役に立つことがある。目くじらを立てずにおおらかに取っておこう」とも思ったものです。

オモチャに関しては、杓子定規にかまえず、いよいよ置き場所がなくなったら使わないモノを捨てる、と考えます。これらが維持管理のポイントです。

思いがけないモノが子どもとの楽しい時間をつくってくれることも

収納を整えるのは子どもへのプレゼント

子ども部屋を整えるには、時間も予算もかかります。しかし、カラーボックスのような、奥行きが中途半端、棚板が移動しないなどの簡易的なものを利用していては、いつまでも片づけられない子になりかねません。「自分のモノを自分で片づけられる」ということは、自立につながります。

収納を揃える予算は、整理収納という生活習慣を身につけさせる、「子どもへの大切なプレゼント代」と思うのです。そればかりか、収納が整うと、親にもゆとりの時間と気持ちができるので、「早くしなさい！」など叱ることも少なくなると思われます。これを機会に、ぜひ、本腰を入れて取りかかってみてはいかがでしょうか。

第4章

整理収納のしつけのコツ

片づけができる子どもに育てるコツ

子どもに「片づけ」のしつけをする前に！

お母さん、家中のモノにきちんと指定席がありますか？

忘れないでください。片づけの「しつけ」は、家中すべてのモノに片づける場所＝指定席が決まっていることが前提です。

指定席をきちんと決めないで、「片づけなさい」と言うのは、ゴミ箱がないのに、「ゴミ箱に捨てなさい」と言うのと同じ。出し入れしやすい指定席が決まっていて、初めてしつける資格があると思ってくださいね。

この本では、子どものモノの収納方法を具体的にお伝えしてきましたが、家全体の収納も「モノが片づく5つのステップ」の考え方と順で実行すれば、維持できる収納が実現します。しつける前に、指定席を確認しましょう。

「片づけ」のしつけは、一～二歳でも始められる

歩き始め、歩く方向や目線を見ていると、こんなちっちゃな頭で何か考えているんだわ……と思いませんか。そう感じたときから、片づけができるか

試してみましょう。

たとえば、積み木一つを、同じ積み木の仲間のところに、お母さんが入れて見せます。同じことができるか試してみます。

それができたら、次の段階として、同じような位置に、もう一種類のオモチャ、たとえばブロックも並べて、同じように戻せるか試します。積み木は積み木の箱に、ブロックはブロックの箱に戻せれば、分類する能力があることになります。

子どもにより発達の程度が違うので、無理強いせず、その子を観察しながらしつけることが大切です。子どもがちゃんとできたら、「あら、こんなことができるんだわ」とうれしがってあげてください。子どもはほめられたり、親が喜んだりしているのを見ると、ますます「やる気」を起こします。

しかし、我が家ではこんなことがありました。ゴミをゴミ箱に「ポイ」したときにほめると、それからうれしがって、ゴミ以外のモノまで捨てて、うっかりすると大事なものまでゴミ箱へ。子どもの行動は面白いものですが、それをまたしつけ直すのもなかなか大変でした。気持ちの余裕を持ってしつけをするためにも、家をスッキリさせて家事を楽にしてしまいましょう。

片づけのしつけは、まず戻すことを

発達に合った簡単なことから始めましょう。たとえば、絵本なら、本棚にきちんと立てて入れなくても、ざっくり、棚に置くだけ、またはバスケットに入れるだけ。ブロックもぬいぐるみもバスケットや箱に入れるだけ。はじめはそれでいいと思います。

積み木は大半がパズルのように箱に入っています。しかし、最初からきっちり入れさせようと思ってもムリでしょう。不本意でも、違う箱を用意してそこに投げ込むだけの入れ方にします。子どもの身長や器用さを見ながら、無理なくできることをさせるのがコツです。このように片づけのハードルを低くすることで「出したら、戻す」習慣がつきやすくなります。

はじめは、とにかくお母さんと一緒にやって入れるところを見せます。なかなか片づけない場合は、いろいろ仕かけてみましょう。たとえば、「ぶーぶー（ミニカー）がお家に帰りたいって、泣いているよ～」など、モノを擬人化すると、共感を呼び、やることがあります。お母さんの知恵の絞りどころです。

まずは、あった場所に戻すことから

「片づけしておけば次のときがラク」ということを理解させましょう

次は、使いやすいことを感じさせる

ざっくりでも、戻すことができるようになったら、次は、使いやすいわかりやすい収納にして、そのことを感じさせます。

本は立てて、タイトルが見えるようにすると、見たい絵本が見つけやすいことを知るでしょう。積み木も、もともと入っていた箱を出してきて、パズルのようにきっちり入れることを教えていきましょう。やはり発達段階を見て無理強いしなくてもできることが重要です。

だんだん年齢が上がってくると、わかっていても子どもも「やりたくない」「面倒くさい」と怠けます。そのようなときも知恵を絞りましょう。「自分が、片づけなかったから困ることになっちゃった」と感じさせるのです。たとえば、積み木が足りなければ、「あのとき、すぐお片づけしなかったから、どこかへ行ってしまったのかな」などと気づかせます。わが家では上の子が重いセロテープカッターを床に置いたままにしていたため、よちよち歩きの下の子がつまずいてころび、大泣きしたことがありました。そんなシーンを見逃さず、片づけの大事さを、責めることがないように教えたものです。

片づけのしつけも、基礎は三歳までに

人が生きていく限り必要な「自分のことは自分でできる」力は、「生きる力」ともいえます。収納もその一つです。使いやすい収納になっていれば、片づけるしつけがとてもしやすくなります。

何歳くらいまでにその習慣をつければいいのか聞かれることがありますが、私が思うに、三歳～四歳まではつけておきたいと考えます。それくらいの年齢は、知識や経験がないだけで、人として何かを考える道筋は大人と変わらないような気がします。昔から「三つ子の魂百まで」と言いますが、言い得て妙だと思います。

いつから始めるなどと考えず、生まれたときから子の「自立」を意識して、できるところから始めてください。

また、何歳までに必ず……などと気にすることもありません。愛情を持ってやさしくしつけていけば、三歳～四歳ころから片づける意識が備わってきます。

叱るよりほめる

言わずと知れたことですが、私たちはこのことをわかっているつもりなのに、つい忘れて叱ります。大人だって同じ、叱られると、やる気が失せます。

「〜がほめてたよ」というほめ方が効果的！

ほめ方も知恵を絞りましょう。

第三者を介してほめると効果的です。たとえば「○君は自分の部屋きれいにしているのね、と○○さんのお母さんがほめていたわよ」などと。「あ、そう」とそっけない返事をしながら、心では「やった！」とうれしいのです。

しかし、いつもほめてばかりではマンネリ化して効果がなくなります。小学生くらいになると、家族が皆で使う文具や工具など、戻さなければならないことを重々わかっていても、怠けることしばしばです。そんなときはまず注意しましょう。それでもやらなければ叱りましょう。「叱る」と「ほめる」のメリハリをどこでつけるか、これも親の知恵の絞りどころです。

どんなしつけもそう簡単なことではありません。しつけは、し続けるものだから「しつけ」というのよ、と聞いたことがあります。根気よく、楽しくしつけていきましょう。

こんな子になったら親の自分が困る

きちんと片づけができることをイメージするより、「こうなったら、大変！」というシーンをイメージすると、収納をないがしろにできなくなります。

実話を、二つお伝えしましょう。

ある年配の方が、講座を受けてくださいました。それは、自分の家のためではなく、嫁いだお嬢さんを「片づけられる人」にするためでした。

嫁いだお嬢さんは、整理収納がまったくできないとおっしゃいます。自分の育て方が問題だったのかもしれないと責任を感じ、定期的に片づけを手伝いに行っていました。しかし、ある日、お婿さんから「来て、手伝ってくれるのはありがたいが、U子自身を片づけができる人にして欲しい」と言われたそうです。ショックだったそうです。「考えてみると、だんだん孫も大きくなりモノも増える、私もだんだん疲れてくる、確かにいまのうちにできるようにしなければ」と思い、まず自分が教えられる人になろう……ということで来てくださったそうです。

また、こんなお話もあります。ある知人の息子さんのお嫁さんのお話です。結婚された当初、高学歴で才女で美人、いいお嫁さんきたのよ、とうれしそうでした。そのうちだんだんと「ああ、悩むわ」とつらそうです。「息子の家に行ったら、家の中がぐちゃぐちゃで、足の踏み場がなく、片づけようという気がないのよ……」と。息子さんが言っても、「あなたがやれば」と本ばかり読んでいる、とのことでした。そのうちお孫さんが生まれ、あの家で孫がきちんと育つのか？　と心配で時々行かなければならない、と言います。

そのほか、収納カウンセラーとしてお客様の話を聞くなかで、「夫があま

女の子も男の子も
小さな頃からのし
つけが大事！

りにも片づけられない人で、もう一緒に住んでいるのが嫌になるぐらいなんです」という悩みもよくうかがいます。

「そんなお話、まだまだ先のことで関係ないわ」と思っていられないのです。子どもは大人になり、結婚もするでしょう。男性でも女性でも、共同生活に、整理収納は欠かせないのです。

塾や習いごとで、子ども自身も忙しく、「片づけ」をやってあげたくなるのもわかりますが、のちのち、親の自分も、誰より本人が困るかもしれないのです。それを考えると整理収納のしつけは疎かにできない重要なことなのではないでしょうか。

こうなったら大変！　とイメージすることも「しつけ」のコツ

著者紹介

飯田 久恵（いいだ　ひさえ）

収納カウンセラー　北海道出身

システムキッチンなどの家具設計に従事中、収納は性格や生活、建物に合わせ細かく計画する必要性を痛感して日本初の「収納カウンセラー」に。収納相談の専門会社「有限会社ゆとり工房」を1990年に設立。個人宅やオフィスの収納相談・設計を行っている。収納講座、NHKテレビ「まる得マガジン」、雑誌や「朝日新聞」連載など出演や掲載も多い。著書に『整理・収納の法則』（三笠書房）『［出し入れ］楽チン！　クイック収納術』（PHP研究所）など多数。

ゆとり工房　http://www.yutori-cobo.co.jp/

頭のよい子が育つ片づけ術

初版発行　2009年11月30日
2刷発行　2012年9月13日

著　者　飯田　久恵（いいだ　ひさえ）
発行者　佐久間重嘉
発行所　学陽書房

〒102-0072　東京都千代田区飯田橋1-9-3
営業部　TEL 03-3261-1111　FAX 03-5211-3300
編集部　TEL 03-3261-1112
振　替　00170-4-84240

装丁　笠井亞子　　イラスト　稲村晴美
本文デザイン・DTP制作　岸博久（メルシング）
印刷・製本　三省堂印刷

© Hisae Iida 2009, Printed in Japan
ISBN978-4-313-66053-3 C0037

乱丁・落丁本は、送料小社負担にてお取り替えいたします。
定価はカバーに表示してあります。